全国85劇場

ミニシアターのある街へ。

～ 映画の余韻と楽しむお散歩ガイド ～

上映中

CONTENTS 目次

劇場周辺のおさんぽガイド付き

❶ 劇場紹介と基本データ

❷ 支配人インタビューや劇場の特徴

❸ 劇場周辺のおでかけスポット

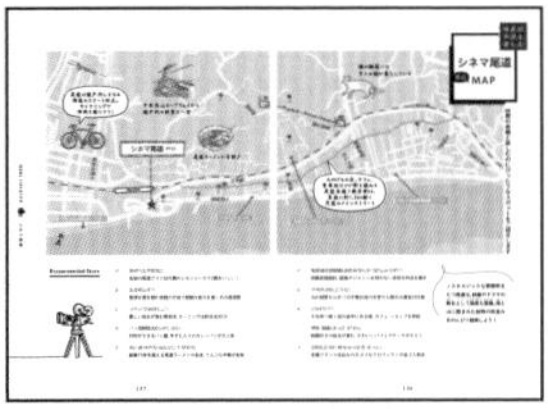

❹ 劇場周辺の街歩きMAP

データ欄のアイコン
住所 アクセス 電話番号 営業時間
定休日 劇場席数 ホームページ

次回上映

巻頭 Special インタビュー

俳優

井浦 新

映画を愛する俳優であり、ミニシアターパークの発起人の一人でもある井浦新。その原点ともいえる映画館でミニシアターへの思いを聞いた。

映画館はいつも開いている場所であってほしい

「映画館は俳優にとって大切な仕事場なんです」

ミニシアターとの出合い

僕がミニシアターに通い始めたのは10代後半の頃で、閉館してしまった「吉祥寺バウスシアター」や「中野武蔵野ホール」、池袋の「文芸坐」、渋谷の「シネマライズ」などによく通っていました。少し背伸びをして「恵比寿ガーデンシネマ」や神保町の「岩波ホール」で海外の作品やヨーロッパの上質な映画を観た時は、帰り道の景色が変わって見えたことを鮮明に覚えています。そこでしか出合えない映画に巡り合えることがミニシアターの醍醐味だと感じていました。

当時はインターネットも携帯もない時代だったので、自分で映画の情報を探さないと観たい映画に出合うことはできませんでした。だから、映画館へ行くと必ずチラシを貰って、次に観る映画を見つけていました。チラシがとても重要な情報源だったんです。

出演者、登壇者としてミニシアターへ

僕のデビュー作『ワンダフルライフ』（98年）で、初めて舞台挨拶で登壇したのが「シネマライズ」でした。いつも通っていた映画館で、自分の出演した映画が上映され、舞台挨拶に立つのは不思議な感覚でした。でも、この頃はまだ俳優としての自覚も未熟な面が多かったので、舞台挨拶の真の意味を理解していなかったのだと思います。

是枝裕和監督との出会い

『ワンダフルライフ』とその次の『DISTANCE』（01年）と立て続けに、是枝裕和監督の作品に参加させていただいたことは大きな経験になりました。是枝監督は、舞台挨拶でお客様とのディスカッションをすごく大事にされる方で、何度も僕を誘ってくれました。その経験によって、僕もディスカッションの意義やおもしろさを感じるようになり、監督の下でデビューできて、僕はラッキーだったと思います。その後は舞台挨拶に参加しても、お客様とディスカッションする機会は多くなくて、感謝を伝えるだけではなく、映画を語り合いたいと思いながら過ごしていた頃に、若松孝二監督と出会いました。

人生を変えた恩師・若松孝二監督との出会い

是枝監督と同様、若松孝二監督も自分の映画を直接お客様に伝えることを大切にする方でした。『実録・連合赤軍 あさま山荘への道程〈みち〉』（07年）（以下、『連合赤軍』）から遺作の『千年の愉楽』（12年）まで、僕が参加させていただいた作品は全て「テアトル新宿」から舞台挨拶をスタートさせていたので、ここは若松監督の聖地のような場所なんです。ここだけでなく、次に上映された「ポレポレ東中野」でも、その次の「下高井戸シネマ」でも、初日と最終日は必ず作品に関わった俳優たちが集まって、映画への思いと感謝の気持ちを伝え

ていました。そこまでが若松監督の考える映画作りだったんです。

若松監督と巡った地方のミニシアター

若松監督には、昔から懇意にしている映画館がたくさんあり、すごく大切にされていたので、舞台挨拶で全国をまわって、僕も一緒に映画の旅をさせてもらいました。

名古屋の「シネマスコーレ」で『連合赤軍』を観たお客様と対面して、ものすごい熱量をぶつけられて、たじろぎそうになるのを抑えながら、必死でお客様の質問に答えたことは鮮明に覚えています。自分が俳優として作品に挑んだ思いを問われているような感覚で、お客様の熱い問いに負けられないという強い気持ちが沸いてきました。

映画館を救った『キャタピラー』の大ヒット

ミニシアターに行くと、『キャタピラー』（10年）の大ヒットが映画館を救ってくれましたという声をたくさん聞きました。監督が大変だった時に作った映画を上映し続けてくれた映画館のことを若松監督は本当に大切にされていて、どれだけ大手の劇場から上映依頼があったとしても、昔から縁のある映画館で上映してもらうのが若松監督の考えだったと聞きました。

若松監督には、映画を作ること、届けることを通して、何を大切にするべきなのかという人としての生き方を教えていただきました。だから、僕にとって若松監督は恩師なんです。

僕にとって映画館はひとつの仕事場

若松監督の舞台挨拶は、1時間ぐらいかけて、それこそ千本ノックのようにお客様からの質問に答えていくスタイルだったので、回数を重ねていくと、伝えることが楽しくなってくるんです。お客様の感想や質問に頭を整理して返すことによって、役や作品についての考えがまとまって、新しい見方を発見することもありました。

訪れた映画館で支配人やスタッフの方たち、お客様と本気で向き合う若松監督の姿を見て、舞台挨拶を通

して人と人が触れ合えることを実感しました。若松監督の現場を経験してからは、自分ができることは、とにかく全部やる姿勢で映画に関わるようになりましたし、そんな経験を重ねたことで、僕にとって映画館はひとつの仕事場になったんです。

映画館をおそった緊急事態宣言

観客として心を潤してくれる大切な場所であるだけでなく、僕にとってひとつの仕事場となった映画館が、コロナや緊急事態宣言によってどんどん厳しい状況になっていくのを、何もせずに見ていることはできませんでした。そんな時に「SAVE the CINEMA」や「ミニシアター・エイド基金」が声をかけてくださり、どちらにも名を連ねていた渡辺真起子さんと斎藤工君に声をかけたところから「ミニシアターパーク」は始まりました。

動き出したミニシアターパーク

映画館に頑張って下さいと伝えるだけではなく、映画館のために何かしなければという思いは2人も同じでした。さらに、映画館のために何かをしたいと思っている俳優もたくさんいたので、俳優たちでアクションを起こすことができるプラットフォームを3人で作ることにしました。

ミニシアターパークは会社でも組織でも団体でもなく、俳優たちを中心に、映画に関わる有志が勝手に集まって解散していく、そういうプラットフォームなんです。ミニシアターパークの「パーク」は憩いの場所であり、思い思いに集まることができる映画館を公園に見立てて名付けました。

最終目標はミニシアターパークが閉じること

僕ら3人だけでなく、俳優など映画に関わる人たちの協力によって、俳優たちが全国のミニシアターの名前を呼び掛ける応援動画を作り、今年の2月には、全国の劇場とリアルタイムで繋がって、俳優やミュージシャンが参加するミニシアターパークデーを開催しました。映画館に寄り添うために始めた活動なので、最終目標は、ミニシアターパークの必要性がなくなることなんです。必要性がなくなる時というのは、映画館が今まで通りに運営できている時ですから。

映画館の痛みを自分事として

そもそもミニシアターは、映画が好きで、素敵な映画だから観てほしいという思いで運営している場所がほとんどなので、ギリギリの中でも地域に映画を届けていたんです。それなのに、客席が半分になったり、休館しなければいけなくなった映画館の痛みは、僕たちもしっかりと自分事として感じないといけないと思っています。

映画館で映画を観ることは身体で感じること

1回目の緊急事態宣言が終わって、映画館が再開されてすぐ「アップリンク渋谷」に映画を観に行ったんですが、映画が終わった後、ちょっと泣いちゃいましたね。映画館で映画を観たくても観られない状況を何度も味わって、その間、家で映画を観る時間も増えたんですが、映画館で身体で感じて観る映画とはやっぱり違うんです。映画の感じ方もより敏感になっていて、身体も心も、映画館で観ることを求めていたんだと感じました。

映画館は1館たりともなくしてはいけない

コロナによって様々なことを考えさせられましたが、人間らしく生きていくために必要な文化や芸術に触れられる場所であり、心を動かしてくれる映画館に行けないことは、人々にとって大きな損失だと思います。

シネコンもミニシアターも、映画を上映する場所として1館たりともなくなることはあってはならないと強く思っていますし、映画館は、いろんな街の中で、いつも開いている場所であってほしいです。

身体も心も映画館で観ることを求めていた

井浦新　いうら・あらた

1974年9月15日生まれ、東京都出身。1998年、デビュー作『ワンダフルライフ』で映画初主演を果たす。以降、映画を中心にTVドラマやナレーションなど幅広く活動。2012年、若松孝二監督作『11・25自決の日　三島由紀夫と若者たち』で三島役を演じ、同年から井浦新で活動を開始。同作で日本映画プロフェッショナル大賞主演男優賞を受賞。

撮影協力:テアトル新宿　ポレポレ東中野

INTRODUCTION

ミニシアターってこんな場所です。

おしゃれな映画を観られるところ?
映画通が集う劇場・・・?
そんなイメージが強いミニシアターの
扉をひらく、イントロダクションです。

小さな空間で鑑賞するからこそ
映画の世界観がより身近に

●ミニシアターとは?

現在、映画館というとシネマコンプレックス(通称シネコン)をイメージする人が多いかもしれないが、本書の主役はミニシアターとよばれる小規模映画館だ。

初めてミニシアターへ訪れたなら、まず驚くのが座席数の少なさだろう。「席数200以下」がミニシアターの目安といわれるが、大体が100席未満。複数のスクリーンを持つ劇場もあるが、一般的なスクリーン数は1~2つほどと少なく、1日の上映枠数も限られている。だからこそ、作品は厳選され、各劇場のカラーが出やすく、それもまたミニシアターの魅力のひとつといえる。

●アート系映画とのあゆみ

ミニシアターは元々「アートシアター」とよばれ、商業的な大作映画ではなくアート系の作品を専門的に上映してきた場所であった。世の中で当たり前とされていることへの疑問や対抗を描くなど、全世代に受け入れられる内容に傾きがちな大作系とは趣が異なり、アート系映画はきわめて先鋭的。ミニシアターはそんな映画を受け入れる場所として始まった。

アート系映画とのあゆみは1950年代に遡る。フランスでヌーヴェルヴァーグという若き制作者たちによる映画運動が起きた。代表監督は『勝手にしやがれ』(59年)のジャン=リュック・ゴダールなど。またポーランドではロマン・ポランスキーらが台頭し、アート系映画の影響が世界中に広がった。日本でも東京で国内の実験映画やアメリカのアンダーグラウンド映画などの上映を開始。62年には海外のアート系の新作封切館としてアートシアター新宿文化が開業した。

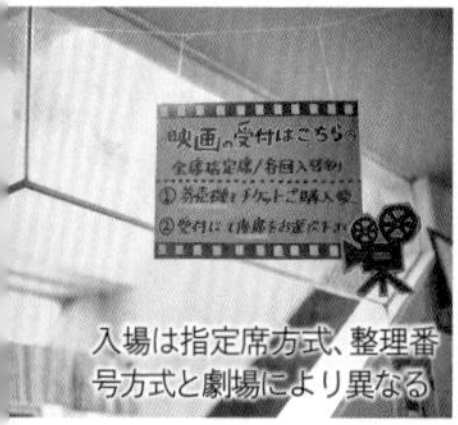

入場は指定席方式、整理番号方式と劇場により異なる

●ミニシアターブームの過去と現在

80年代から00年代前半にかけて日本では「ミニシアターブーム」が巻き起こった。『アメリ』(01年)、『トレインスポッティング』(96年)、『レオン』(94年)などに若者が熱狂し、劇中の音楽やファッションも流行。シネコン全盛の時代となるとブームは落ち着くが、近年ミニシアター発の『カメラを止めるな!』(17年)が社会現象になるなど、新たな価値と可能性を高めている。国内外のインディーズ作品を積極的に取り上げる劇場として機能していたり、あるいはその街で唯一の映画館として最新のハリウッド作品からモノクロの旧作までを上映する大切な娯楽施設として存在したり…多種多彩なミニシアターは、今後も多くの個性的な名作を私たちに届けてくれるに違いない。

独特の雰囲気に惹かれて通う
常連客も多数

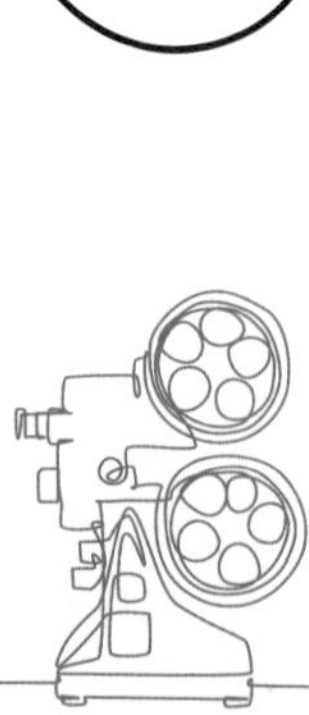

次のお休みどこ行こう?

気分に合わせてミニシアターを選んでみよう！

街の雰囲気とともに楽しみたい！

上映＆イベントを楽しみたい！

独自の編成を楽しみたい！

遠方の劇場へでかけたい！

ドキュメンタリーを観たい！

インディーズ映画と出合いたい！

名画座って？

新作封切館での公開を終えた作品や、過去の名作・旧作を上映する名画座もミニシアターのひとつ。新作にこだわらず、支配人のセレクトが光るラインナップが魅力で、2本立て上映、オールナイト上映など上映スタイルはさまざま。

名画座特集はP72へ

名画座へ行ってみたい！

全国から厳選した15軒のミニシアターを、次のページからご案内♪

MINI THEATER 01

東京・下北沢

新進気鋭作家を発掘する劇場

下北沢トリウッド

新海誠監督はじめ、数々の人気監督の才能を見抜いた劇場、下北沢トリウッド。劇場名の由来は、タレントの関根勤さんのテレビ番組での発言。「インド映画をボリウッドと呼ぶなら、東京で作られる映画はトリウッド」と称し、それを劇場名にした。気鋭の映画作家たちが巣立った、まさに東京の“映画の都”のひとつだ。

東京都世田谷区代沢5-32-5-2階　各線下北沢駅小田急南西口から徒歩3分　03-3414-0433
45席

ロビーのチラシコーナー。
「次は何を観ようかな？」と開演を待つのも、
映画館での楽しみのひとつ

映画の製作&配給も手がけ、作り手に寄り添う劇場

演劇や音楽に打ち込む若者たちが集まる街、下北沢。クリエイターたちの感性を刺激し続けるこのシモキタで、1999年より営業しているのが下北沢トリウッドだ。

開館当初は、日本では珍しい短編映画専門の劇場だった。若手監督のほとんどは短編を習作にして、制作経験を積んでいく。一方で短編を単独興行として公開できる機会はほとんどなかった。そのため、上映場所を求める新鋭たちはこぞってトリウッドに会した。あの新海誠監督もそのなかの一人。新海監督の初商業作品である短編アニメーション『ほしのこえ』（02年）を初上映したことから、“新海誠の聖地”とよばれるようになった。

さらに《スニークプレビュー》という持ち込み作品の上映枠を劇場独自で設けていることも、自主映画の制作者たちが足を運ぶきっかけのひとつに。この50分の上映枠で動員数などの結果を残せば、通常のロードショー上映枠にランクアップするシステムだ。日本のホラー映画界を牽引し、『樹海村』（21年）の大ヒットが記憶に新しい清水崇監督も若かりし頃、このスニークプレビューを活用していたという。

00年代後半より長編映画も上映するようになり、“まだ見ぬ才能を発掘できる場所”としての特色がより強まる。上映だけではなく製作業務にも本格的に乗り出し、今やヒットメイカーである入江悠監督の『劇場版 神聖かまってちゃん ロックンロールは鳴り止まないっ』（11年）、ヨーロッパ企画の山口淳太監督作『ドロステのはてで僕ら』（20年）などを手がけてスマッシュヒット。作り手と寄り添いながら劇場を運営するスタイルは、クリエイティビティにあふれたシモキタにぴったりといえる。

スタッフの山本達也さんも「下北沢は変なことをやっても楽しんでもらえるところ。そんな街の劇場なので、自分で何かやりたいことがある人と一緒に映画を作ったり、上映をしていきたい」と話す。

これからも作り手の背中を押しながら、多彩な映画と出合える劇場であり続ける。

下北沢駅から近く、個性的なお店が入るビルの2階にある。

トリウッドに集まった新しい感覚たち

『劇場版 神聖かまってちゃん ロックンロールは鳴り止まないっ』

ロックバンド、神聖かまってちゃんの楽曲群をモチーフにした青春映画。プロ棋士を目指す高校生・美和子を演じるのは二階堂ふみ。劇場公開と同時に、ニコニコ動画でも配信上映を行った。

Blu-ray：5,170円

連続ドラマ的作品を映画館で上映

『演じ屋シリーズ』

“依頼された人物を演じること”を職業とするコンビを描いた、笑いやミステリーが満載の全9話の連続ドラマ。トリウッドで01年から03年にかけて上映。2019年には新作として『演じ屋reDESIGN』が、2021年にはWOWOWでもドラマ化された。

スタッフ 山本達也さん

INTERVIEW

——変化の早い街・下北沢で20年以上続けられている理由とは？

「どんどん入れ替わる感じがシモキタのおもしろさですね。そんな下北沢のお店としてはすっかり古参です。音楽、演劇など何かを目指そうとしている人がたくさんいるし、街との相性が良いのかもしれません。

もともとトリウッドは『ライブハウスみたいな映画館にしたい』とスタートしたと聞いています。バンドってライブハウスで活動して少しずつお客さんを増やしていく。ハコとしてもそれを後押ししますよね。映画でも同じことをやりたい、と」

——『街の上で』（19年）など下北沢を舞台にした映画もたくさんありますが、下北沢は映画の街なのでしょうか？

「シモキタは決して映画の街とはいえません。劇場もトリウッドしかありませんから。映画の撮影に協力したのは『街の上で』くらい。椅子が黄色で、よくある映画館の形に倣っていないから、ファッション誌などの撮影で使われることの方が多いんですよ」

——毎年開催されている下北沢映画祭の盛り上がりはいかがですか？

「下北沢映画祭は２００９年から始まり、毎年秋に開催されています。コンペにはフィクション、ドキュメンタリー、短編、長編などいろんなジャンルが混ざりあっていて、その雑多さは下北沢感がありますね」

——製作も手がけていると聞きました。

「映画祭とも連携して映画を上映したり、若い監督たちと一緒に作ったり配給したりしています。劇場を持ちながら製作もしているので、“小さい東宝”みたいなものですよね（笑）。ヨーロッパ企画による『ドロステのはてで僕ら』はいろんなきっかけになりました。作っていてとても楽しかったんです。今後もこういうことを続けていきたいです」

トリウッド独自の展開にご期待ください！

これからの劇場の方向を指し示した作品

『ドロステのはてで僕ら』

京都を拠点とする人気劇団・ヨーロッパ企画が制作した初長編映画。未来の自分を映し出すテレビをめぐり、主人公たちが騒動を巻き起こす。トリウッドと下北沢映画祭の協同で作り上げられた。

口コミで詰めかけた若者たちの熱気

『アメリカン・スリープオーバー』

夏休みの最後の１週間の“お泊まり会”を経験する、思春期の少年少女の揺れ動く感情をとらえた青春映画。日本未公開作の映画上映を行うグッチーズ・フリースクールが配給権を買い付けて公開。連日満席となった。

新海誠の『ほしのこえ』を初上映した聖地はココ

日本を代表する人気監督である新海誠の原点というべき場所、トリウッド。同劇場代表の大槻貴宏さんは新海監督の初期短編作を鑑賞して「今後ものすごいものを作る」と直感。「次もウチで上映しよう」と声をかけて『ほしのこえ』（02年）の劇場公開が決まった。

2016年には、『君の名は。』の公開にあわせて《新海誠監督作品特集》を開催。多くの動員を記録した。スタッフの山本達也さんは新海作品について「編集、音楽の使い方が新海節。また、ラブストーリーであっても恋愛感情だけではない気持ちの動きが描かれている。プロデューサー的な目線も持っていらっしゃって、自分が作りたいものを作っているけど、一方でどうすれば鑑賞者が喜ぶかも考えている」とその魅力を語った。

『ほしのこえ』は初公開時、満席が続いた。新海監督にとっても、その時に体験した観客の拍手が今でも原動力だという。

『君の名は。』公開直前に新海誠監督全作品を特集上映！

新海監督もトリウッドの20周年をお祝い！

『ほしのこえ』の映像特典として収録

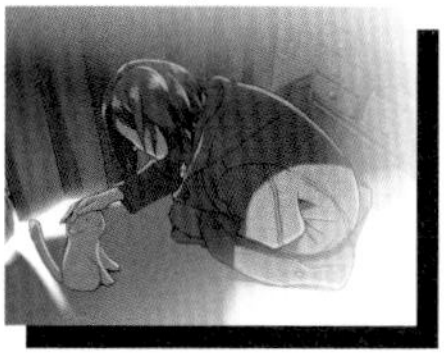

『彼女と彼女の猫』

CGアニメコンテストでグランプリを受賞した新海監督の商業デビュー前の自主制作作品。

©Makoto Shinkai

『ほしのこえ』

地球と宇宙での超遠距離恋愛を描いた話題作。新海誠監督が一人で作り上げ、アニメファンに衝撃を与えた。

DVD：2,286円+税
©Makoto Shinkai / CoMix Wave Films

『言の葉の庭』

万葉集の一篇から始まる物語。男子高校生と年上の女性の恋を繊細なタッチで情感豊かに描く。

DVD：3,200円+税
Blu-ray：5,800円+税
©Makoto Shinkai / CoMix Wave Films

『星を追う子ども』

日本の伝統的なアニメーション制作の方法で完成させることを目指した、本格的なジュブナイル作品。

DVD：3,800円+税
Blu-ray：5,500円+税
©Makoto Shinkai / CMMMY

『秒速5センチメートル』

一人の少年を軸にして描かれる、独立した3本の作品からなる連作短編アニメーション。

DVD：3,800円+税
Blu-ray：5,500円+税
©Makoto Shinkai / CoMix Wave Films

『雲のむこう、約束の場所』

初の長編劇場アニメーション作品。架空の戦後を舞台に、謎の病に冒された少女を救う少年らの物語。

DVD：2,286円+税
Blu-ray：5,500円+税
©Makoto Shinkai / CoMix Wave Films

『ほしのこえ』『雲のむこう、約束の場所』『秒速5センチメートル』『言の葉の庭』／発売：コミックス・ウェーブ・フィルム
『星を追う子ども』／発売・販売：KADOKAWA　『言の葉の庭』／販売：東宝映像事業部

芳醇な時間が流れる
大人のレトロモダン喫茶店

下北沢トリウッドから
徒歩1分

トロワ・シャンブル

とろわ・しゃんぶる

- 東京都世田谷区代沢5-36-14 湯浅ビル2階
- 各線下北沢駅小田急南西口から徒歩5分
- 03-3419-6943　9時30分～23時　休 不定休

創業1980年。白だった壁は、紫煙でブラウンに。愛煙家の憩いの場でもある

1年季の入った看板　2人気のコーナー席では、映画『冷静と情熱のあいだ』(01年)の撮影も行われた　3ネルドリップで丁寧に淹れたニレブレンド550円とチーズケーキ400円(セットで850円)

静かなジャズが心地よい老舗カフェ。若者の街・下北沢で大人がくつろげる名店として、打ち合わせや取材場所、さらに映画やドラマのロケ地としても愛されてきた。コーヒーは、良質の豆をじっくり熟成させたオールドビーンズを使用。苦みとコクのある深煎り「ニレブレンド」は、甘さを抑えた「チーズケーキ」によく合う。ロイヤルコペンハーゲンやジノリなど、カップも一級品。つい長居したくなる魅惑の空間だ。

劇場スタッフのオススメ★

打ち合わせなどでよく使わせていただいています。落ち着いた雰囲気が好きです。

下北沢トリウッドから
徒歩6分

古書ビビビ

こしょびびび

🏠 東京都世田谷区北沢1-40-8 📍 各線下北沢駅小田急東口から徒歩4分 📞 03-3467-0085 🕒 12〜21時 休 火曜

サブカルの街・下北沢らしく、ベストセラーからマニアックな作品まで、幅広く取り揃える古書店。古書組合に所属せず、買い付けは店舗持ち込みされたものと、個人的な人脈から譲り受けたもののみ。『花輪和一作品集』など貴重なマンガ作品やZINEなども多く扱う。映画『街の上で』(19年)では、主人公が通う古書店として登場した。

映画『街の上で』に登場した 個性派古書店

1古書店にありがちな堅苦しさはなくポップな雰囲気。下北沢のランドマークとなっている 2店舗名が際立つ店構え
3貴重な雑誌の創刊号などお宝探しが楽しい

下北沢トリウッドから
徒歩1分

好奇心の森「ダーウィンルーム」

こうきしんのもり だーうぃんるーむ

🏠 東京都世田谷区代沢5-31-8 📍 各線下北沢駅小田急南西口から徒歩5分 📞 03-6805-2638 🕒 13〜20時 休 不定休

“教養の再生”をコンセプトに、書籍や標本を販売するショップ&カフェ。ダーウィンの研究室にありそうな、自然科学・文化人類学に関する書籍や、貝や鉱石、化石の標本など、知的好奇心をくすぐる雑貨を販売。雑貨を探しに行くもよし、読書しながらコーヒーブレイクを楽しむもよし。訪れるたびに新しい発見があるスポットだ。

知的好奇心をくすぐる アイテムがズラリ

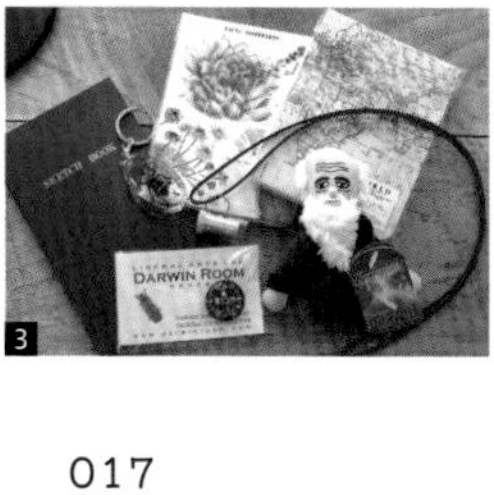

1下北沢トリウッドの山本さんも「何屋さんなのかわからないところがおもしろい」と語る 2奥にはカフェスペースもあり。コーヒーとともに読書を楽しもう 3恐竜の骨のほか、ダーウィンのグッズも！

映画の余韻と楽しむ

下北沢トリウッド 周辺MAP

映画の余韻と楽しむ〈東京・下北沢〉街歩きスポットをご紹介

F シェ・リュイ 下北沢店(しぇ・りゅい しもきたざわてん)
舞台や上映会の差し入れにもぴったりな焼き菓子が豊富

G 東洋百貨店(とうようひゃっかてん)
古着店、雑貨店など約20店が集合。下北沢らしい空気感

H HAIGHT&ASHBURY(へいとあんどあしゅばりー)
世界中から集めた貴重なヴィンテージ古着がズラリ

I 納豆工房せんだい屋 下北沢店
(なっとうこうぼうせんだいや しもきたざわてん)
国産大豆で作る納豆専門店。ベイクド納豆ドーナツも◎

J LITTLE SOUL CAFE(りとる そうる かふぇ)
アナログレコードにこだわる居心地の良いミュージックバー

音楽、演劇、古着とカルチャーが入り混じる下北沢。店主の個性が際立つショップが多く、通えば通うほどディープな魅力を発見できる街だ。

Recommended Spot

A 都夏 下北沢本店（つげ しもきたざわほんてん）
海鮮がおいしい居酒屋。下北沢が舞台の映画のロケ地にも

B 茄子おやじ（なすおやじ）
30年以上続くカレー食堂。ルーは1種類のみで勝負

C スパイスラーメン 点と線.（すぱいすらーめん てんとせん）
スープカレー専門店が提案する、新感覚のラーメン！

D フラッシュ・ディスク・ランチ（ふらっしゅ・でぃすく・らんち）
シモキタ名物のレコード店。3枚2000円のお手頃コーナーも魅力

E CITY COUNTRY CITY（してぃ かんとりー してぃ）
ミュージシャン・曽我部恵一によるレコード店×カフェ

MINI THEATER 02

東京・阿佐ヶ谷

この場所でしか観られない日本映画を ラピュタ阿佐ヶ谷

『ガリバー旅行記』に登場する空飛ぶ島“ラピュータ”にちなんで名付けられた、ラピュタ阿佐ヶ谷。劇場ビルには緑が生い茂り、都会の喧騒を忘れさせる幻想的な佇まいで観客をあたたかく迎え入れる。そのスクリーンには、なかなか観ることができない日本映画が活写されている。

東京都杉並区阿佐谷北2-12-21　JR阿佐ヶ谷駅北口から徒歩2分　03-3336-5440
48席

切り株をイメージしたという、独特な形をしたビル。住宅と飲食店が軒を連ねる街のなかにあり、目をひく

古き良き日本映画のイメージが大きく変わる体験が待っている

東京都内でも今や極めて珍しい、日本映画の旧作をフィルムで上映する劇場、ラピュタ阿佐ヶ谷。しかもその上映ラインナップは有名、王道ではない。昭和のバイプレイヤー、強烈なカルト作品、ロマンポルノの隠れた名作など、ラピュタ阿佐ヶ谷でしか観ることができない映画の数々。ここに通い詰めるヘビーユーザーの気持ちがよくわかる。

1998年の開館当初はアニメーション映画専用の劇場だったという。しかし銀座の並木座、池袋の文芸坐といった名画座が閉館したこともあり、「都内で旧作が鑑賞できるプログラムを」との思いで、かつての日本映画も織りまぜて上映。04年頃から日本の旧作に絞るようになり、その番組編成の流れが現在まで続いているという。

同劇場で観ることができる作品は確かに古い。だが現在の日本映画にはないバイタリティにあふれている。そういった作品をズラリと並べるこの劇場のこだわりは、移り変わる阿佐ヶ谷の街の姿に重ねられるのではないだろうか。

石井紫支配人は「少し前までの阿佐ヶ谷は、クセがものすごく強い個人商店が多かった。スターロード商店会は今でもそのムードを残しています」と思い返す。ただ開発が進んで、駅前をはじめ各地でチェーン店が増えた。「おしゃれで新しいお店も良いですが、阿佐ヶ谷の街はやはり古くからあるお店がよく似合うし、また魅力を感じます」と語る石井支配人の言葉は、まさにラピュタのスクリーンに映し出される映画に当てはめることができる。

旧作映画にちなんだ書籍やブロマイドも

かくいう石井支配人は、同劇場で勤務するようになってから、旧作邦画のトリコになったそう。「小津安二郎監督、黒澤明監督など名匠の作品しか知らなかったのですが、ラピュタで番組編成を担当するようになり、〝古き良き〟という日本の旧作の印象が変わりました。バラエティ豊かだし、モダンな感覚の映画も多くて、ハマっちゃいましたね」と噛みしめる。ラピュタ阿佐ヶ谷は、一度行ったら抜け出せなくなる〝映画の沼〟なのだ。

この特集も話題に！

「爆発的な人気を博した連続テレビドラマ『事件記者』の映画化、日活版10作品＆東京映画版2作品を《事件記者 BUN-YA SPIRITS》として特集しました。ハマるお客様続出で熱気がすごかったです！」（支配人 石井さん）

開館20周年イベントで特集上映

『マイマイ新子と千年の魔法』

© 髙樹のぶ子・マガジンハウス／「マイマイ新子」製作委員会
Blu-ray：7,109円

「Laputa Asagaya 20th anniversary もう一度みたいにおこたえします」と題したアンコール上映会を実施。同作をはじめ、『集団奉行所破り』『野良猫』『広い天』など劇場のファンが選んだ合計55本を一挙上映した。

支配人に聞きました

映画好きの心をつかむ 特集上映

GO!GO!GO! 東宝戦争ウエスタン 愚連隊大作戦

2020年6月21日(日)~8月15日(土)

緊急事態宣言による2ヶ月強休館明けの、再開番組のひとつでした。幾度となく絶体絶命のピンチにさらされてもそれを乗り越えていく『独立愚連隊』(59年)のバイタリティに元気をもらいつつ、最終作『血と砂』(65年)の楽日が8月15日という偶然(昭和20年8月15日で物語が終わります)にも、映画の神様の采配を感じました。

●上映作品

『独立愚連隊』『独立愚連隊西へ』『独立機関銃隊未だ射撃中』『血と砂』など

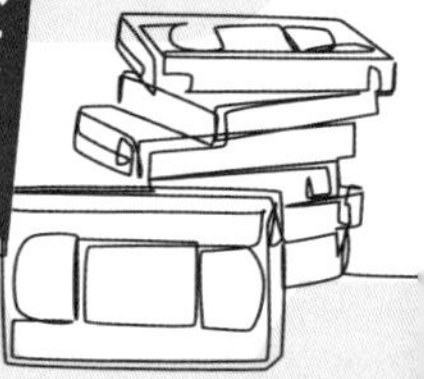

添えもの映画百花繚乱 SPパラダイス!!【2019】

2019年5月26日(日)~7月27日(土)

1950~60年代に各社で併映用に製作された中篇映画を集めました。いずれも60分前後の作品なので2本立てで上映。その組み合わせにもかなりこだわりました。作業量も予算もいつもの約2倍でかなり大変でしたが《SP映画2本立て》はラピュタ名物といえるほどご好評いただきました。当館のモットー「忘れさられていた、膨大なプログラムピクチャーの発掘と上映、その魅力を全力で伝える」を体現できた企画だと思います。

●上映作品

『警視庁物語 血液型の秘密』『警視庁物語 聞き込み』『鬼火』『下町』『二階の他人』『愛と希望の街』など

AVANTGARDE百花繚乱 挑発:ATGの時代

2014年3月9日(日)~4月26日(土)

日本映画界に大きな痕跡を残した日本アート・シアター・ギルド=ATG映画の大特集です。独立プロや個人所有の作品も多く、通常の特集では多くても5~6社ですが、12~13社とやりとりをするなど、手間も時間もかかった企画でした。

●上映作品

『おとし穴』『日本の悪霊』『地の群れ』『河 あの裏切りが重く』『薔薇の葬列』など

愛と官能のプログラム・ピクチュア 日活ロマンポルノ名作選

2008年4月6日(日)~5月17日(土)

一般劇場でのロマンポルノ上映がまだポピュラーではなかった頃なので、若い女性にも抵抗なく足を運んでいただけるようデイタイムの興行を企画しました。チラシやポスターなどビジュアル面もエロを強調しすぎず、美しく仕上げることを心掛けました。若い世代や女性層など、これまでロマンポルノに触れる機会がなかった方々にお届けすることができたと思っています。

●上映作品 『大人のオモチャ ダッチワイフ・レポート』『OL日記 濡れた札束』『㊙色情めす市場』など

支配人 石井紫さん

日本の旧作は今観ても新鮮です！

劇場上に広がる

フレンチの名店へ

平日ランチは2300円からスタンバイ。温かみのある雰囲気、おいしい料理はウエディングにも人気

旬の食材を使った料理で季節を感じよう

背伸びせずに楽しみたいカジュアルなフレンチ

劇場の上の階にある森と海のレストラン、山猫軒。植物に囲まれたテラス席は、光と風を浴びて気持ちよく食事ができる。

フレンチのレストランでありながらカジュアルな雰囲気なのも特徴。年齢層も幅広く、一人でやって来るお客も多いという。

劇場と隣接していることもあり、映画監督、俳優もたびたび来店。最近は、名優・宝田明さんも訪れたという。

都心のレストランとは確実に雰囲気が違い、隠れ家的。映画鑑賞の前後に立ち寄ってほしい。

フランスで修業をした菊池茂シェフが腕をふるう

山猫軒　やまねこけん

東京都杉並区阿佐谷北2-12-21 ラピュタビル3・4階　JR阿佐ヶ谷駅北口から徒歩2分　03-3336-5445　11時30分～14時LO、18～21時LO　休 月曜、第1・3火曜

ラピュタ阿佐ヶ谷 周辺おでかけスポット

心はずむメニューがズラリ
レトロポップ喫茶店

ラピュタ阿佐ヶ谷から徒歩2分

gion《ぎおん》

ピンクやブルーの壁にアンティークランプ、ブランコチェアなど、メルヘンムードたっぷりの喫茶店。ぜひ食べたいのは、20種類以上の具材やスパイスを混ぜ込んだソースで作る絶品ナポリタン。付け合わせのサラダもボリューミーで、女性にも人気だ。輝くソーダ水に濃厚アイスクリームがたっぷり乗った、フォトジェニックなクリームソーダもおすすめ。

東京都杉並区阿佐谷北1-3-3 川染ビル1階
JR阿佐ヶ谷駅東口から徒歩1分　03-3338-4381
9時〜翌2時　休 無休

1すべてのテーブルに季節の花が飾られている
2小さな森に佇むようなお店　3濃厚で奥深い味わいのナポリタン840円とクリームソーダ600円が人気メニュー。ナポリタンはボリューム満点

ラピュタ阿佐ヶ谷から徒歩8分

yahso《やそー》

東京都杉並区阿佐谷北4-6-1　JR阿佐ヶ谷駅北口から徒歩8分　03-6873-8635
15〜20時　休 不定休

古着屋のイメージが変わる
洗練された大人の日常着

アメカジ、ヴィンテージといった“古着屋っぽい”セレクトから一線を画す、ハイセンスなショップ。素材感や着心地にこだわり、シンプルで上質なものを厳選している。暮らしを軽やかなものにしてくれる、ゆったりとしたシルエットのワンピースなど多数。洋服や靴などのほか、1本1本丁寧にドライさせたドライフラワー880円〜もあり。

1花が飾られ明るい店内。古着屋に抵抗がある人にこそ訪れてほしいお店　2オリジナルのワンピース2万1780円

ラピュタ阿佐ヶ谷から
徒歩5分

欲しかった1冊が
きっと見つかる場所へ

古書コンコ堂

こしょこんこどう

東京都杉並区阿佐谷北2-38-22　JR阿佐ヶ谷駅北口から徒歩5分　03-5356-7283　12～22時
休 火曜

古書店の多い杉並エリアの中でも、文学や音楽、アート関係の品揃えが充実する人気店。ほぼ持ち込み＆出品買取で集めており、棚のラインナップはジャンル多彩。世代を問わず「これが読みたかった」という出合いが待っている。古書店にありがちな雑多なムードはなく雑貨店のような佇まいで、映画のロケ地にも使われている。

1初めてでもふらりと訪れやすい雰囲気　2「赤瀬川原平の芸術原論展」展覧会カタログなどアート本も多数

音楽と活気とうまい酒
中央線的酒場、ここにあり

1玉ネギの甘みとうま味が凝縮した名物のあるぽらんカレー900円は、ラピュタ阿佐ヶ谷の石井支配人のオススメ　2ココナッツ酎550円といぶりがっこチーズ550円　3天井にはさまざまなポスターが　4国鉄風の「あさがや」看板が目印

ラピュタ阿佐ヶ谷から
徒歩1分

あるぽらん'89

あるぽらんはちじゅうきゅう

東京都杉並区阿佐谷北2-11-2 2階　JR阿佐ヶ谷駅東口から徒歩3分　03-3330-8341　18時30分～翌1時前後
休 不定休

細い階段を上がり店に入ると、天井まで覆い尽くす映画のポスターに圧倒される。30年にわたり、映画や演劇、音楽界隈の人々が深夜まで酌み交わし、語り明かしてきた古き良き酒場だ。軽いおつまみのほか、カレーや焼きそばなどフードも充実。店内に流れるフォークソングと、中央線が走る音が心地よく響く。

劇場スタッフのオススメ★

映画や演劇のポスター多数で中央線沿いらしいお店。イベント後の打ち上げによく訪れています

映画の余韻と楽しむ

ラピュタ阿佐ヶ谷 周辺MAP

サブカル好きが集う中央線らしい雰囲気が魅力の阿佐ヶ谷。

商店街のイメージが強いが、駅の北側に古着や古書のショップがオープンし、近年はおしゃれエリアとして注目が集まる。

Recommended Spot

A　Aさんの庭(えーさんのにわ)
宮崎駿がイメージスケッチを提供して誕生したという公園

B　ロシア雑貨店パルク(ろしあざっかてんぱるく)
どこか懐かしさを感じるロシア雑貨。ギフトにもオススメ

C　Gelateria SINCERITA(じぇらてりあ しんちぇりーた)
蜂蜜と和三盆の甘さを軸にしたフレッシュジェラート店

D　FURUICHI/古一(ふるいち)
ヴィンテージ家具のお店。心動かされるデザインに出合える

E　ヴィオロン(ゔぃおろん)
演奏会も行われる名曲喫茶。音楽に包まれる至極の時間を

F　よるのひるね
夜だけ開店する喫茶店兼バー。ドリンクだけでも◎

G　うさぎや
どら焼きといえばコチラ。売り切れ必至なのでぜひ予約を

H　玉の湯(たまのゆ)
富士山のペンキ絵、折上格天井も見事な銭湯の王道

I　ミート屋(みーとや)
ミートソースパスタ専門店。3日間煮込んだ本格派

J　YO-HO's cafe Lanai(よーほーず かふぇ らない)
ロコ好みのオックステールスープが自慢のハワイアンカフェ

MINI THEATER 03

東京・渋谷

ミニシアター激戦区の〝若い劇場〟
ユーロスペース

たくさんの若者たちが行き交う街、渋谷。ミニシアターが数多いこの場所で、ユーロスペースは野心とエネルギーに満ちあふれた映画をスクリーンに映し出している。開業から約40年の歴史を持ちながら、常に新鮮な空気を漂わせている同劇場。その“若さの秘訣”は、外側に目を向けて未来へのビジョンを持ち続けることだった。

東京都渋谷区円山町1-5 KINOHAUS 3階
地下鉄渋谷駅A0出口から徒歩6分
03-3461-0211　ユーロスペース1（92席）
ユーロスペース2（145席）

コンクリート打ちっぱなしのおしゃれな建物が目を引く。3階には178席のスクリーンを持つ「ユーロライブ」もあり

ミニシアターブームを語る上で欠かすことができない劇場

最新トレンドが生まれる場所・渋谷にあるユーロスペース。もともとは1982年、桜丘町に劇場をオープンした。日本のドキュメンタリーの問題作『ゆきゆきて、神軍』(87年)の上映を敢行するなど、80年代から90年代のミニシアターブームを語る上で欠かせない存在として知られるようになった。

円山町に移転したのは、06年のことだ。同所でリニューアルオープンした経緯は、さまざまな作品を集めて1日何十回も上映できるシネコンが台頭した時代の流れにあるという。劇場のあり方が変化するなか、北條誠人支配人が「このまま賃貸ビルで映画を上映し続けるよりも、自分たちの映画館を作った方が良いのでは」と考え、名画座の開館を計画していた弁護士・内藤篤さんと共に"映画館ビル"を誕生させた。このビルではユーロスペース、内藤さんが館主を務めるシネマヴェーラ渋谷ほか、映画美学校なども運営されている。まさに映画文化が詰まった複合施設となった。

ミニシアター激戦区である渋谷には今も昔も多くの劇場があるが、色分けがはっきりしている。16年に閉館したシネマライズは「これを観てほしい」という意思を感じる尖った作品が多くのファンを作った。シアター・イメージフォーラムは実験映画などを上映。シネクイントはオシャレな作品がたくさん楽しめる。ユーロスペースは、作家性が立ち、画の力や音のセンスを感じるものを軸にした編成が光る。中田秀夫監督『女優霊』(96年)、塩田明彦監督『害虫』(02年)などは特に上映作品として印象に残るものだ。

座席はフランスのキネット社製で鑑賞しやすい

歴史的には全国のミニシアターのなかでもかなりの老舗であるユーロスペース。だが北條支配人は「歴史は古いけど、お客さんは若い」と話す。年齢的な意味だけでなく、気持ちの面でも若い映画ファンたちが、新鮮な観点を持った映画を見つけるために同劇場へやって来る。新しいものに対して貪欲であり、流行に敏感で、さらに自分にしかない感性を追い求める人たちが集まる渋谷ならではの劇場ではないだろうか。

2スクリーン化したユーロのオープニング作

『全身小説家』

©疾走プロダクション

『ゆきゆきて、神軍』の原一男監督が、小説家・井上光晴の晩年を追ったドキュメンタリー。北條支配人は「『神軍』とは対照的で、嘘か本当か分からない謎がかった会話に魅せられた」と話す。

ユーロの名前を全国へと広げた問題作

『ゆきゆきて、神軍』

©疾走プロダクション

昭和天皇パチンコ狙撃事件などを起こしたアナーキスト・奥崎謙三が、天皇の戦争責任に迫っていく伝説のドキュメンタリー。同作を鑑賞した若者たちは「おもしろくてヤバい」と熱狂していたという。

支配人 北條誠人さん

INTERVIEW

パワーのある監督の作品をぜひ観てほしい

――ユーロスペースは以前から、上映する映画がムーブメントを起こして、全国へ広がっていく傾向がありました。今までの歴史を振り返って、最も印象深い作品は何ですか？

「原一男監督『ゆきゆきて、神軍』（87年）です。作品内容的に、ある勢力からの上映妨害があるんじゃないかと、劇場内の消火器の中身を抜いて、あとスクリーンを破られた時のために予備を1枚注文するなど、かなり緊張して初日を迎えた作品です。

そこまでして上映をしたかったのは、やっぱり映画に力があったからです。観客のなかには『一言物申してやろう』という気持ちであの映画を観た人もいるはず。でも戦争を体験した人から若者まで、みんなが圧倒的な映画のパワーに包まれて帰っていきました。ちゃんと映画を観て、受け止めてくれるお客さんがいることを知れて、うれしかったですね」

――当時はミニシアターやアート系の映画が社会的に大きな流行となっていたんですか？

「渋谷にもミニシアターがたくさんできはじめて、新しいカルチャーの街として熱に包まれていました。映画を観たあと、街の本屋、レコード屋に行って何か買い、酒を飲んで帰る。全部まとめてひとつの映画体験になっていましたね」

――北條支配人はどんな作品に影響を受けたのでしょうか？

「ヴィターリー・カネフスキー監督の『動くな、死ね、甦れ！』（89年）です。川崎市市民ミュージアムで観たのですが、それまでの子どもを主人公にした映画とは明らかに違う文脈で、荒々しく、野蛮で、しかし登場人物は生命力にあふれていて、はつらつとしていた。何より画に力があった。ユーロスペースの上映作品を決める上でも、作品のそういった画の力はかなり意識しています」

――上映作品の間口はかなり広いようですが、それはなぜですか？

「最近はそういう傾向になってきました。上映を断るエネルギーよりも、受け入れちゃ

スクリーン名を記載したシンプルな劇場扉。無機質だからこそ、作品に没頭できる空間となっている

作品に惚れ込んだ支配人が上映を熱望

『この世界の片隅に』

全国でロングランヒットを記録したアニメーション。第二次世界大戦下の広島の人々の暮らしを描く。原作者の大ファンだった北條支配人。ユーロスペースでの上映をプロデューサーに嘆願したというエピソードも。

Blu-ray＆DVD 発売中
DVD：4,180円 Blu-ray通常版：5,280円 Blu-ray特装限定版：10,780円
原作：こうの史代（双葉社刊） 監督：片渕須直
発売・販売元：バンダイナムコアーツ

観客のイラン人たちの誇らしげな表情の記憶

『桜桃の味』

ユーロスペース配給。カンヌ映画祭パルムドールを受賞したイランの名作。自殺を決意した男が世界の美しさに気付いていく物語。観客には在日のイラン人の姿も目立ったという。

DVD：4,180円、Blu-ray：5,280円／発売元：TCエンタテインメント／販売元：TCエンタテインメント／提供：ザジフィルムズ

チケット売り場には、
Tシャツなどのグッズも取り揃えている

う方が人生、楽かなって（笑）。

あと、現在はデジタル機材で手軽に映画を撮れるし、作品も増えてきた。美術館やギャラリーのように、新しい作品をたくさん鑑賞できる役割がミニシアターにあっても良いんじゃないかと思っています」

——来場者の年齢層は現在、どのような感じですか？

「学生が少なくなってきた傾向はあります。若い人たちにどのような形で映画に触れてもらうか、そのことをスタッフたちとよく話し合っています。小学校高学年、中高生たちが観たい映画を夏休みに上映して、そのあとワークショップやトークショーを実施したら良いんじゃないかとか。映画はどうしてもシニア産業に足を入れがち。それが悪いことではないけど、そうなりすぎると、いつまでも閉じたところで同じことを語り続けることになる。映画の経験がない人たちにも観てもらえる働きかけをやらないと、自分たちの価値観もずっと一緒になりますから」

——今後のユーロスペースはどのように進んでいくのでしょうか？

「どのように新しいものを取り入れていけるか、それが未来のビジョンにつながります。劇場としてどういう立場で映画を上映していくか、それをあらためて考えていこうと思います。たとえ小さい規模であっても、自分が試したいことをやっている作品を受け入れる劇場でありたい。今は監督がワークショップで若い役者と出会い、一緒に映画を作る時代でもありますし。

あと洋画でも、実験的な作品を買い付ける映画配給会社は少なくなってきましたが、ユーロスペースは今後もそういうものを鑑賞できる場であり続けます。ちゃんと力がある監督たちの作品をお客様に観ていただきたいです」

ロビーにあるベンチの下には、
フィルム缶がずらりと並ぶ

北条支配人の映画の思い出

『青い凧』

「中国の文化大革命をテーマにした家族の映画です。監督から自身の体験をもとに脚本を書いたと聞きました。音楽担当は大友良英さんです。ユーロスペースで『青い凧』をご覧になった作曲家の武満徹さんが、劇中の音楽をとても気に入っていました」

『紅いコーリャン』

「ベルリン国際映画祭グランプリを受賞した、チャン・イーモウの初監督作品。中国の方が、片言の日本語でユーロスペースの場所を見つけて、たくさん来場されました。公開中に天皇が崩御したことで、結果的に昭和最後のミニシアター作品となりました」

ユーロスペース 周辺 おでかけスポット

〝出版する本屋〟がコンセプト
ボーダーレスな選書が光る

1

2

3

❶本のそばにある暮らしをイメージできるような雑貨や古着、アクセサリーなども取り扱う ❷ZINEなども販売 ❸藤岡拓太郎とコラボした巾着各1100円 ❹不定期でギャラリーでの展示もあり

4

ユーロスペースから徒歩10分

SPBS本店

えすぴーびーえすほんてん

東京都渋谷区神山町17-3 テラス神山1階　地下鉄渋谷駅A3b出口から徒歩12分　03-5465-0588　11～23時　休 不定休

作り手である編集部と、売り手である書店がガラスを隔ててつながって見える構造が特徴の書店。各スタッフが担当の棚を持ち、個性豊かなディスプレイを作り上げているのにも注目。作家やアーティストをピックアップしたフェアや、著者を招くイベント、ワークショップの開催も不定期で行っている。小説やエッセイから絵本、マンガ、リトルプレスと、丁寧に選ばれたジャンル多彩な5000冊が揃うので、きっとお気に入りの1冊と出合えるはずだ。

心地良い空間はそのままに
老舗喫茶をリノベーション

ユーロスペースから
徒歩16分

喫茶サテラ

きっささてら

東京都渋谷区渋谷1-7-5 青山セブンハイツ1階　地下鉄渋谷駅B4出口から徒歩6分　070-3128-2362　11〜19時　休 不定休

48年続いた喫茶店を改装しオープン。大切に使われてきた食器棚など歴史のある面影を残し、ニューオープンながら昭和レトロな空間を作り上げている。バリスタが厳選したスペシャルティの豆をハンドドリップで提供するコーヒーは、浅煎り、中煎り、深煎りから選択可。外は硬めだがスプーンを入れるととろりとした食感が味わえる極上プリンとともに、コーヒーブレイクを楽しもう。

1 カウンター席のほか、テーブル席や個室も備える　2 プリン、コーヒー各600円。季節限定のプリンもあり　3 バターライスでコクを引き出したドリア800円。上には2種類のチーズがたっぷり

ユーロスペースから
徒歩7分

渋谷区立松濤美術館

しぶやくりつしょうとうびじゅつかん

東京都渋谷区松濤2-14-14　京王井の頭線神泉駅西口から徒歩5分　03-3465-9421　10〜18時※最終入館は閉館の30分前まで　休 月曜※祝日の場合は翌平日

開館40周年を迎えた美術館。特定の時代や地域にとらわれないユニークな展覧会で注目を集める。展示内容もさることながら、建築家・白井晟一設計の美術館建築も見どころのひとつ。4階層分の吹き抜けと、その底に位置する噴水池の意匠は見事。渋谷区ゆかりの作家や所蔵品を紹介する「サロン展」を毎年2〜3月に開催している。

劇場スタッフのオススメ★

古美術から現代アート、アニメまでと多彩な企画展は見ごたえたっぷり。建物を眺めるだけでも楽しいですよ

滞在時間も愛おしくなる
存在がアートな美術館

1 独自の存在感を示した白井晟一による重厚な世界観を堪能しよう
2 松濤の高級住宅街の中でひときわ存在感を放つ

ユーロスペース 周辺MAP

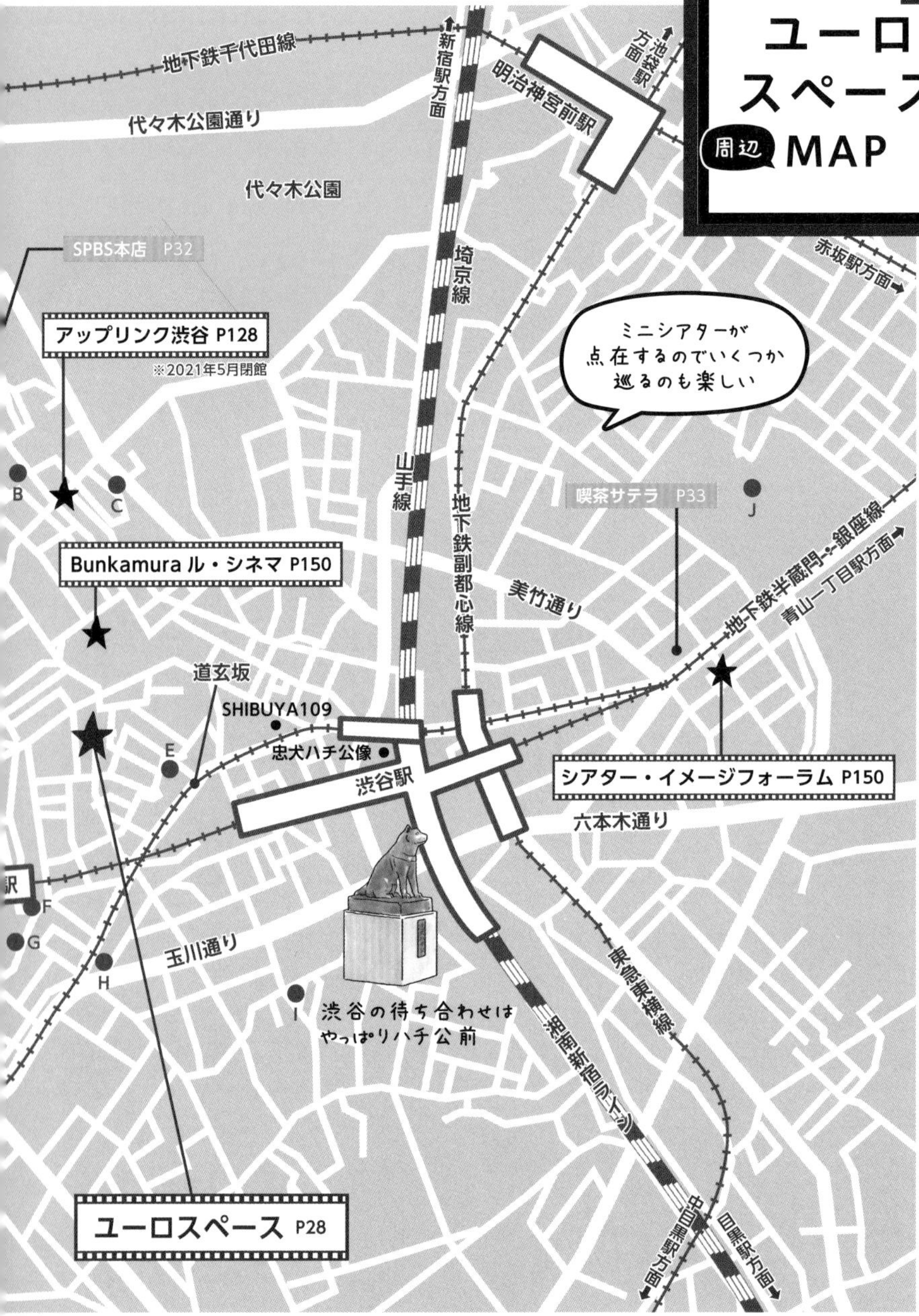

トレンドの発信地・渋谷。新しい店が次々にオープンする一方で、地元で長く愛さる店も多い。
お気に入りの一軒を見つけにでかけよう。

Recommended Spot

A ideot(いでおっと)
毎日の暮らしを上質にしてくれる食器やジュエリーが見つかる

B 渋谷SWING(しぶやすうぃんぐ)
レコードの音とサイフォンコーヒーが楽しめるジャズ喫茶

C れすとらん 牛舎(れすとらん ぎゅうしゃ)
洋食の老舗。創業以来不変の味を守るポーク生姜焼きは必食

D 松涛Mar(しょうとうまる)
熟練シェフが腕をふるう本格フレンチ&イタリアンは絶品

E 喜楽(きらく)
渋谷の町中華といえばコチラ。人気はもやしワンタン麺

F ひしゅうや
宮崎料理店。ソウルフードであるチキン南蛮や冷や汁が◎

G Cafe Bleu(かふぇ ぶりゅ)
モーニングからナチュラルワインまで楽しめるフレンチカフェ

H FabCafe Tokyo(ふぁぶかふぇ とーきょー)
レーザーカッターやUVプリンターで制作できるカフェ

I GREEN THUMB(ぐりーん さむ)
国産小麦にこだわるベーカリー。あんこも自家製

J 青山ブックセンター 本店(あおやまぶっくせんたー ほんてん)
デザイン・広告・アートなどクリエイティブな書籍の宝庫

Special Talk 1

井浦 新 × ユーロスペース 北條誠人 支配人

ミニシアターパーク発足をきっかけに交流を深めた2人。この1年で感じた大きな変化と今後の期待について語ってもらいました。

コロナをきっかけに親交を深めた2人

井浦　北條さんとお話するようになったのは、舞台挨拶を立て続けに1年で2、3回ぐらいユーロスペースでやった頃からだと思います。ミニシアターパークを立ち上げる際に、僕ら俳優がどういうことをやれば効果的なのかなど、最初に相談させて頂いたのが北條さんでした。

北條　5時間ぐらい話していたもんね(笑)。コロナがあったことで、今までは出会わなかった人とお話をするようになったので、マイナスなこともたくさんありましたが、プラスなこともあったんじゃないかと考えられるようになりました。

井浦　こうやって北條さんと、近況や劇場のことなどについてお話するようになったのも、1年前のあの夜があったからですね。

この1年で感じた映画館を応援する熱量

北條　去年から今年にかけて感じたことで一番大きなことは、私たちの仕事が応援されているんだと実感できたことです。「SAVE the CINEMA」では9万人もの人から署名が集まり、「ミニシアター・エイド基金」では3万人もの人が参加してくださいました。以前はお客様からどれだけ自分たちが応援してもらっているのか漠然

「映画館や映画へのエールを感じた1年でした」

としていたんですが、普段劇場に来られているお客様だけでなく、映画館という施設に対してのもっとたくさんの具体的な数や熱量の応援を感じることができたんです。本当にすごいことだったと思います。

井浦　僕は一俳優ですが、僕も励まされている感覚になりました。こんなにも映画や映画館のことを思ってくれる人たちがいるんだと実感しました。

ミニシアターもシネコンも思いは同じ

北條　この1年でミニシアターだけでなく、シネコンの館主さんともお話するようになりました。1年前までは自分たちの仲間のことは考えていましたが、今は映画全体の事を皆で考えるような雰囲気になっていると思います。映画は上映しないと駄目だという思いは、ミニシアターもシネコンも同じなんです。自分だけが生き残れる時代でもないですし、自分だけ生き残っても仕方ないんですよね。

井浦　もし時間がかかったとしても、そういう変化によって、映画館業界全体で何かにトライすることができるといいですね。映画館同士はライバル関係でもあるのに、SNS上で交流していたり、応援し合っている姿をこの1年でよく目にしました。映画館の中の人の感情や人物像が見えてくるようになったように感じています。

北條　顔が見えてきましたね。

井浦　それぞれが違うからこそおもしろいのが映画館で、いろんな映画がいろんな場所で上映されているからこそ映画の世界も豊かになっていくんだと思います。

MINI THEATER 04

東京・東中野

魅力的なドキュメンタリーを発信 ポレポレ東中野

新宿から２つ隣の東中野駅から徒歩１分。ターミナル駅から少し離れた立地にも関わらず、“ドキュメンタリー映画の聖地”といわれるほど、ラインナップに定評のある劇場。変わったことや他ではやっていないことを仕掛け続けると同時に、誰が観てもおもしろいと感じてもらえる作品を上映し続けている。

東京都中野区東中野4-4-1　JR東中野駅西口から徒歩1分　03-3371-0088　96席

こぢんまりとした地下ロビーに
映画好きが集う上映前の雰囲気もいい

ドキュメンタリー映画の魅力を伝え続ける劇場

ドキュメンタリー映画に定評のあった前身・ＢＯＸ東中野を引き継ぎ、２００３年にオープンしたポレポレ東中野。現在もドキュメンタリー映画を中心に、新人作家の作品など、普遍的なメッセージを伝える、これぞという作品を上映。この劇場から火が付き全国に広がる大ヒットを記録した映画も多く、"ドキュメンタリー映画の聖地"としても知られている。

「ドキュメンタリー映画の上映に大きな使命感を持ってはいませんが、大きなターミナル駅にある劇場ではないので、他ではやっていない好きなことができていると思います」と話すのは、オープン時から支配人を務める大槻貴宏さん。その証拠に、開館直後に上映した『赤目四十八瀧心中未遂』（03年）や、社会現象ともいえるほどの大ヒットとなった『人生フルーツ』（16年）では、異例ともいえる9ヶ月ものロングラン上映を実施。特に『人生フルーツ』は、約23万人を動員し、ミニシアター史に残る大ヒットを記録したのだが、ここだけで5万人以上の集客があったというから驚きだ。

さらには、ドキュメンタリー映画が配信はもちろんパッケージ化されることも少ないことを活かし、いくつかの作品の再上映やアンコール上映も定期的に実施している。中でも、２０１３年の11月29日に公開された『ある精肉店のはなし』は、毎年、"いい肉の日"である11月29日にアンコール上映を実施し、2週間上映しても毎日ほぼ満席になるほどの人気を呼んでいる。

毎月1・6日は料金が1000円になる割引あり

これだけ話題を呼ぶ作品を上映し続けている大槻さんに、作品選びについて聞いてみると、「当然ですが、自分たちがおもしろいと思っているものを上映しています。もうひとつは、この映画をお客様に届けるんだということを真剣に考えている人の作品を上映したいですね」との答えが。そこにフィクションやドキュメンタリーといった違いはないようだ。「ドキュメンタリーは、どうしても敷居が高いように感じられることが多いですが、そんなことはないよ、映画としておもしろいんだよ、と伝えていきたいですね」

老いを"自分事"として描いた作品に大反響

『ぼけますから、よろしくお願いします。』

テレビディレクターの信友直子が、認知症の母親と、彼女を介護する耳の遠い父親を題材に描いたドキュメンタリー。誰しもに必ず訪れる老いに対する準備や気付き、ヒントを与えてくれる。

DVD：4,180円

開館直後に9ヶ月のロングラン上映を実施

『赤目四十八瀧心中未遂』

裏町で出会った男と女の許されぬ逃避行を描いた荒戸源次郎監督作。監督のアイデアで、劇場の入るビルに真っ黒なのぼりを差して宣伝。監督の「賞をとる！」との宣言通り、映画賞をほぼ総なめに。

ドキュメンタリー映画を楽しもう。

難しく考えなくていいんです！

もっと気軽に観てほしい！

支配人 大槻貴宏さん

Q ドキュメンタリー映画の魅力とは？

A 自分が気付かなかった現代社会の矛盾や、知らなかった歴史上の問題を改めて発見できることかな。シリアスなテーマから個の生き方まで。それが視野を広げ、未来に繋がるはずだと。

Q 良いドキュメンタリー映画とは？

A ある問題に「人間」が向き合い、うれしかったり辛かったり、翻弄され、もがきながら変化していく様子が丁寧に記録された映画だと思います。それはスッと心に入ってきます。

Q アンコール上映や再上映が多いのはなぜですか？

A 賞味期限のない作品だからです。映画の届け方として、誰でもアクセスできるやり方もいいですが、毎年定期的に劇場で上映するというやり方もあるんだと、今後も提案していきたいと思っています。

社会派からほのぼの系まで。
世界を広げてくれるオススメ3作品

いい肉の日＝11月29日に毎年アンコール上映を実施

©やしほ映画社

『ある精肉店のはなし』

代々、育てた牛を家族で食肉処理し、販売している精肉店を営む一家の日常を見つめるドキュメンタリー。毎年２週間上映していても、毎日ほぼ満席に。こういう上映形態を提案していきたいとのこと。

ポレポレだけで5万人を動員したダントツの大ヒット作

©東海テレビ放送

『人生フルーツ』

ニュータウンの一角で暮らす建築家夫婦の日常から、真の意味での生活と心の豊かさを見つめる。ある時を境に客層がガラッと変わり、だんだん若い人が増えていくという珍しい現象が起こり、大ヒット。

自社の内部にカメラを入れた問題作に大きな反響が

©東海テレビ放送

『さよならテレビ』

自社である東海テレビの内部にカメラを入れ、現在のテレビ現場で起こっていることを探ったドキュメンタリー。公開直後の１ヶ月は連日満席に。再上映時も土日は満席。もう１度アンコール上映も!?

関連イベントも開催！

カフェと映画の素敵な関係

特製キーマカレーセット
1300円

自家製スコーン450円

上映前でも上映後でも楽しみ方は自由自在

劇場1階に位置する「ポレポレ坐」。居心地の良いカフェとして、映画館の併設スペースとしてと、ふたつの顔を持つ。定番メニューは特製キーマカレーや素朴なスイーツ。食材は毎年アンコール上映する『アラヤシキの住人たち』（15年）に関連する「共働学舎」のチーズや豚肉を使うなど、映画とリンクしているのも特徴だ。上映前に食事をするもよし、映画の余韻に浸るもよし、トークショーなど関連イベントに参加するもよし。居心地の良いカフェが劇場のそばにあれば、映画鑑賞はもっと楽しくなるはずだ。

当日の映画チケット提示で100円引きのサービスもあり

Space＆Cafe ポレポレ坐

すぺーす あんど かふぇ ぽれぽれざ

東京都中野区東中野4-4-1 ポレポレ坐ビル1階 JR東中野駅西口から徒歩1分 03-3227-1445 11〜20時LO 休 第2・4火曜

ポレポレ東中野 周辺おでかけスポット

劇場スタッフのオススメ★

敷き詰められた絨毯にどっかり座ると、気分はすっかり旅人に。羊肉をさまざまなアレンジで堪能できますよ

1

異国情緒あふれる雰囲気で味わう本格アフガニスタン料理

店名はシルクロード商人たちの宿という意味を持つ

ポレポレ東中野から徒歩4分

キャラヴァンサライ包

きゃらゔぁんさらいぱお

東京都中野区東中野2-25－6　JR東中野駅西口から徒歩2分　03-3371-3750　17時～22時30分LO　休 火曜

土壁に飾られた鍋や器、緻密に織り込まれた絨毯。まるで遊牧民族の家に招かれたような気分が味わえるアフガニスタン料理店。アフガニスタンはイスラム教のため、豚は使わず、羊肉や鶏肉がメイン。炭火で焼き上げた鉄串の「シフカバブ」や、羊肉とトマト、生姜、シシトウを炒め煮した「カラヒィ」など、どれもシンプルながら食材のうま味がギュッと凝縮されている。まろやかな「乳酒」とともに召し上がれ。

2

3

1ニンニク、マスタード、スパイスでソテーした、ラムの辛子炒め1320円は劇場支配人・大槻さんのイチ押し　2羊肉のカラヒィ1320円とシフカバブ330円～　3店外には屋台もあり

3

ポレポレ東中野から
徒歩9分

コ.トゥ.タモ.ペヴァ

ことぅたもぺヴぁ

東京都中野区東中野1-15 東ビル1階 JR東中野駅東口から徒歩6分 03-6325-7116 12～15時、17時～21時30分LO 休 日曜

ロシア料理の名店で10年修業したシェフが営むレストラン。ロシアのほか、ウクライナやジョージアといった旧ソ連の味わいがミックスされている。人気は、注文が入ってから揚げるピロシキ。ローズマリーで香り付けした合挽肉と玉ネギ、ゆで卵が、カリカリふわふわの生地と絶妙に絡み合う。たっぷりの野菜と肉を、牛乳とバターで柔らかく煮込んだボルシチもオススメ。

1 毎日生地から手作りしているピロシキ250円と、ビーツの赤色が食欲をそそるボルシチ650円 2 一人でも入りやすい雰囲気 3 ピロシキは肉、野菜、リンゴの3種類あり

ポレポレ東中野から
徒歩4分

VINSY

ヴぃんじー

東京都中野区東中野3-1-9 1階
JR東中野駅西口から徒歩2分
03-6876-8655 14～20時※土・日曜、祝日は12時～ 休 無休

自然派ワイン・クラフトビール・日本酒のセレクトショップ。生産者とともに畑作業や醸造を行い「生産量の少ないお酒だからこそ、作り手やエピソードも知ってほしい」と心動かされたものを厳選する。「お酒は作り手からの預かりもの」と丁寧にお酒と向き合う店主との会話を楽しみに来店するお客も多数。作り手と飲み手をつないでくれる、こだわりのお店へでかけよう。

1 ワインや日本酒の資格を持つ店主による日本酒スクールも開講 2 宮城のナチュラルワイン「Fattoria AL FIORE」 3 奥多摩のクラフトビール「VERTERE」も揃う

映画の余韻と楽しむ
ポレポレ東中野 周辺MAP

映画の余韻と楽しむ〈東京・東中野〉街歩きスポットをご紹介

新宿からJR中央・総武線で約5分。
昭和の香り漂う商店街も元気な東中野。
個人店が多いので店主との出会いを楽しみながら、
街歩きを楽しもう。

Recommended Spot

A　ドーカン(どーかん)
手作りジェラートが評判の洋菓子店。年間約50種類が登場

B　かきもち処 はやしや(かきもちどころ はやしや)
創業1940年の老舗。手作りの柿の種は地元の名品だ

C　しちがつなのか
国産小麦にこだわるパン屋さん。雨の日限定パンも登場する

D　BISTRO GRATO(びすとろ ぐらーと)
つけ麺スパゲッティは“中野の逸品グランプリ”で金賞受賞

E　阿波や壱兆(あわやいっちょう)
スンドゥブ風やトムヤム風など個性が光る半田素麺専門店

F　福建家庭料理 旬の香(ふっけんかていりょうり しゅんのかおり)
あっさりとした福建家庭料理は日本人にもマッチ

G　Restaurant ito(れすとらん いと)
東中野の老舗洋食店。オリジナル料理「ボンボーヌ」が絶品

H　かんじ
ポレポレ東中野のスタッフも通う海鮮が自慢の居酒屋

I　ALT_SPEAKER(おるとすぴーかー)
生演奏が楽しめる音楽バー。演奏に飛び入り参加できる日も！

J　coffee stand 早川亭(こーひー すたんど はやかわてい)
自家焙煎した豆を使い、ハンドドリップで淹れるコーヒー店

「映画館で上映しなければ作品は完成しない」

Special Talk 2

井浦 新 × ポレポレ東中野 大槻貴宏 支配人

2008年に公開された若松孝二監督作『実録：連合赤軍』をきっかけに親交を深めた２人の話を聞いてみると、映画館と俳優の素敵な関係が見えてきました。

『実録：連合赤軍』が結んだ縁

大槻　新君と出会ったのは、若松監督の『実録・連合赤軍　あさま山荘への道程〈みち〉』でしたね。

井浦　きちんと話したのは、あの時ですね。それまでも僕は観客としてポレポレ東中野に来ていましたし、それこそ『連合赤軍』に参加するきっかけになったのが、ポレポレに置いてあった「若松孝二に連合赤軍を撮らせたい」というチラシだったんです。これは事件だと思って、裏に書かれていた若松プロの電話番号

に電話して、オーディションに参加したんです。そのチラシは今でも大切に家で保管しています。

大槻　それは感謝してもらわないと(笑)。

井浦　完成後に、ここでも舞台挨拶をさせてもらいましたが、僕にとっては"帰ってきた"感覚でした。

感謝を伝える舞台挨拶は当たり前のこと

大槻　新君と話すとどうしても若松さんの話になるんだよね。彼は映画も命がけで作るんだけど、それと同時に映画館も命がけで守る人だったよね。今でこそ俳優さんが地方へ舞台挨拶に行くことは珍しくはないかもしれないけど、当時は少なかったと思います。それを普通に、当たり前のことにしたのが若松監督でした。

井浦　僕の中でも、映画館に感謝を伝える舞台挨拶は、当たり前のことになっています。それこそオンラインでも、舞台挨拶をやらないよりはやった方がいいと感じています。

大槻　僕も、オンラインにはすごく可能性があると思っています。新君とも一緒にやってみたいな。

井浦　いつでもお願いします。

映画館は僕たちの仕事場でもあるんです

大槻　若松さんがよく「俺たちは芸者なんだ」と言っていたのを思い出しました。「声を掛けられてなんぼだから、声を掛けられたらどこでも出かけていくんだ」と。そんな風に呼ばれたらそこへ行って話す姿勢が、新君にも受け継がれているのかな。

井浦　俳優は、映画作りの現場が仕事場だと思ってしまいがちなんですが、どれだけ魂を削って作っても、作った作品を上映してくださる場がなければ、それは完成していないことと同じなんです。僕たちの仕事場は撮影の現場であり、映画館でもあるんです。

大槻　今、新君が言ってくれた「映画館が仕事場」というのはすごくいい言葉だと思った。ありがとう。

井浦　僕は一観客としても利用している場所ですし、若松監督が繋いでくださったご縁で、映画館の方と直接話すこともできるので、どちらも知ることができる仕事をさせてもらっているからこそ、できることがあると思っています。

大槻　若松さんの話もしたいよね。それこそオンラインで。本当におもしろい考え方の持ち主だったので、皆に聞いてほしいです。その時は是非、新君、司会をお願いします。

MINI THEATER 05

東京・新宿

K's cinema

少ない座席数を最大のメリットに

ギラギラとした新宿のど真ん中。たくさんの飲食店やショップに囲まれたビルの中に、K's cinemaはある。社会現象を巻き起こした話題の映画の公開劇場として、はたまた誰も知らないインディペンデント映画を率先して上映する場所として、映画ファンにはおなじみ。無名上等、何でも来いの骨太なミニシアターだ。

東京都新宿区新宿3-35-13 3階　JR新宿駅東南口から徒歩2分　03-3352-2471　84席

新宿駅すぐの商業ビルの3階にある。映画館へと続くエレベーターにはビルを描いたおしゃれな絨毯が敷かれている

"カメ止め本店"で全国区に! その劇場の素顔とは?

東京一の繁華街・新宿は多くのシネコン、ミニシアターが並んでおり、映画好きにはたまらない場所である。そんな新宿で2004年に開館し、「アウトサイダー的な街の多様性の端っこを担っています」と笑うのは、K's cinemaの酒井正史支配人だ。

一筋縄ではいかない人々が集う街の劇場らしく、K's cinemaで上映される作品は実にバラエティ豊か。特にインディペンデント映画の充実度には目を見張る。多くのスポンサーが関わることで大衆向けな内容になりやすいメジャー映画に対し、インディペンデント作品は低予算な分、何かに迎合することなく監督らが本当に作りたいものを作る。K's cinemaには、『ストロベリーショートケイクス』(05年)の矢崎仁司、『感染列島』(09年)の瀬々敬久らメジャーで活躍する監督が、その反動のようにインディペンデント作品を撮った時、「上映してほしい」と声がかかるそうだ。

国内外のインディペンデント映画を中心に上映する同劇場の名前が広く知られるようになったのが、『カメラを止めるな!』(17年)の大ヒットである。『カメ止め』を最初に上映した劇場ということで、"カメ止め本店"とよばれた。

なぜK's cinemaはインディペンデント映画の作り手に慕われているのか。その理由のひとつについて酒井支配人は「84席しかない劇場でありながら、場内の天井が高いことで音響が綺麗に聴こえるなど、映写状況の良さが支持されているのかもしれない」と分析する。また座席間隔が広く、ゆっくり映画を楽しめる鑑賞環境も評判だ。

84席というキャパシティについては、番組編成的にもメリットと捉えているそうで、「小さい劇場だからこそ、極端な映画で勝負しよう」と、良い意味で振り切ってインディペンデント作品を上映しているという。

「もっと映画を掘り起こしたい」と、K's cinemaは誰も知らない名作をこれからもそのスクリーンに映し続ける。

ロビーには、カッシーナやイームズのチェアなど随所にこだわりが光る

この作品も話題に!

『リンダ リンダ リンダ』

「バンド活動に目覚めた少女を描いた『リンダ リンダ リンダ』では、大勢の若者が来場してくれました。新宿にはライブハウス、楽器店も多いことから、ギターを持ったお客様もいました」(支配人 酒井さん)

交通の便の良さも手伝い年配層中心にヒット

『442 日系部隊 アメリカ史上最強の陸軍』

第二次世界大戦時、日系人のみで構成されたアメリカ陸軍442連隊の面々が、父母の祖国・日本と戦うことに葛藤するドキュメンタリー。年配層が多く来場するなど、盛り上がりをみせた。

©Film Voice DVD:3,666円
企画・脚本・監督:すずきじゅんいち/音楽:喜多郎/製作総指揮:鈴木隆一

日本映画を激震させた あの話題作は K's cinema から 上映スタート!

『カメ止め』を上映したきっかけは何だったのでしょうか?

「『カメ止め』はENBUゼミナールのワークショップ企画〝CINEMA PROJECT〟のなかの1本で、以前から同プロジェクトの作品はウチで上映していたんです。『カメ止め』も、ENBUが持ち込んできたものなので、劇場としてはやろうか、どうしようかと選んだわけでもありませんし、実際のところ大ヒットはたまたまという感覚です。ただ、単独で公開してもお客さんが入るんじゃないかとは思っていました。だからK's cinemaでの単独上映も快諾しました。それでもまさか、あそこまでお客さんが入るとは……」

© ENBU ゼミナール
Blu-ray & DVD 発売中
DVD:4,180円、Blu-ray:5,280円
発売・販売:バップ

当時はどのような状況でしたか?

「嵐のような日々でした。池袋シネマ・ロサでも公開されていて、ウチは1日3回上映だったのですが、連日朝からお客さんが並んでいました。なかにはTシャツを買うためだけに並ぶ人もいて。指原莉乃さんら著名人の方が『観た!』とSNSで投稿して以降は、さらに爆発的な雰囲気になりました」

ヒットした理由をどのように分析されていますか?

「もちろん作品がおもしろいことは前提にありますが、あとはスタッフ、キャストのみなさんの熱意ですね。毎日、劇場にやって来て、鑑賞者のお見送りなどをしていましたから。今はコロナもあってなかなか難しいですが、劇場としてはあそこまでやってくれるとうれしいです。

また、上田慎一郎監督はエンタテイナーだと改めて思いました。トークイベントの際もギャグをまじえて盛り上げるし、頭の回転が早い。普段から話していても楽しい監督でしたね」

大ヒットになるとは予想外の展開でした

『カメ止め』以外の作品でも、連日舞台挨拶などを行うなど、作り手と一緒に公開を盛り上げていく感じがします。ほかにはどんなイベントを行っていますか?

「できる限りのことはお応えしていきたいと思っています。たとえば『ヘヴンズ ストーリー』(10年)という作品がありますが、瀬々敬久監督が公開終了時『これで終わらせるのは惜しい』とおっしゃったんです。そこで毎年12月頃、1週間だけ、上映する企

支配人 酒井正史さん

K's cinema Interview

画を始めました。かれこれ10年続いています。上映時間が長い作品なので、お客様には劇場で心して観てもらっています。この日は1日『ヘヴンズ ストーリー』という感じで」

世界的にも インディペンデント映画が増えています。 たくさん来るという上映依頼の中から どのようにセレクトしていますか？

「ワンスクリーンしかない劇場なので、確かに番組編成が混み合うことはあります。ただ、私たちとしてはインディペンデントでも王道系の内容は他の劇場にお任せして、隅をつつくような感覚で上映作品をセレクトしています。そのあたりが新宿の劇場らしい部分かもしれません。

あとはスタッフと『スターは出ていないけど、おもしろいから上映してみようか』というノリを大切にしています。映画が好きでこの仕事をやっているので、お客さんが入ることはもちろんありがたいけど、それ以上に観た人に『この映画、おもしろかった。ありがとう』と言ってもらえるのがうれしいですね。基本的には配給会社、監督やプロデューサーから『この映画を上映できないか』と持ち込まれるものですが、そのなかでも自分たちで選んで上映しているので、お客さんの『おもしろかった』という賛同の声を聞くとやりがいを感じます」

窓からは新宿の街並みが見える

新宿は沢山の劇場があり、 映画の街でもありますね。

「歌舞伎町にTOHOシネマズができた頃から、街の雰囲気が変わった気がします。ほかにも松竹やバルト、そしてミニシアターも何館もありますし、街全体が明るくなりました。ひと昔前なら『映画を観に行くなら渋谷』という印象でしたが、今は『新宿に行こう』という映画ファンも多いはず。もともと飲食店も多いですし、新宿で1日過ごせますよね」

これからK's cinemaとして 目指していきたいことはありますか？

「かつてミニシアターで上映していたような作品も、今ではシネコンなどキャパシティの大きな劇場でやるようになってきました。そうなってくると、ミニシアターでは上映できる作品が少なくなってしまいます。K's cinemaではこれから、特集上映が増えるかもしれません。実際、侯孝賢《ホウシャオシェン》特集などはたくさんのお客様にご来場いただいています。もともと劇場としては『何十万人動員するような作品をやりましょう』とは考えていなくて、数千人入れば良いという考え。インディペンデントでも、K's cinemaで上映して、ちょっと話題を集めて、そしてメジャーへ向かうような人を見つけたいですね」

名画座「新宿昭和館」の跡地に立つ

K's cinema 周辺 おでかけスポット

新宿の地下に広がる 昭和純喫茶の世界

K's cinemaから徒歩2分

新宿らんぶる

しんじゅくらんぶる

東京都新宿区新宿3-31-3 1階·B1階　JR新宿線東南口から徒歩4分　03-3352-3361　9時30分～22時30分LO　休 無休

レンガ造りの玄関から入店し、階段奥の扉を開くと目に飛び込んでくるのは巨大な喫茶空間。1950年創業の「らんぶる」は、約200席もの広大なフロアを持つ純喫茶だ。静かに流れるクラシック、シャンデリアや赤いベルベットの椅子がなんとも贅沢な時間を作り出す。都会の喧騒から離れた別世界でコーヒーブレイクを楽しんで。

1 階段を下りた地下に、約200席もの大きなフロアが広がる　2 創業当初から変わらない方法で作られる、深煎りアイスコーヒーのコーヒーゼリー700円　3 黄色い看板を目印に訪れよう

K's cinemaから徒歩11分

写真家による写真家のための 自主運営ギャラリー

photographers' gallery

ふぉとぐらふぁーず ぎゃらりー

東京都新宿区新宿2-16-11-401 サンフタミビル4階　地下鉄新宿三丁目駅C7出口から徒歩3分　03-5368-2631　12～20時　休 不定休（会期中は無休）

20～60代までの、年齢もキャリアもバラバラなメンバーによる自主運営ギャラリー。メンバーの展示に加え、企画展、シンポジウム、写真集や機関誌などの発行を通して感性を高める場となっている。ジャンル多彩なメンバーが集っているため、訪れるたびに写真というメディアの新たな魅力に触れることができる。企画展の情報はHPで確認を。

1 細江英公、森山大道ら著名な写真家たちも自主ギャラリーを運営していた　2 写真にまつわる講座、シンポジウムなども開催

K's cinemaから
徒歩6分

APARTMENT HOTEL SHINJUKU

あぱーとめんと ほてる しんじゅく

東京都新宿区新宿4-4-10　JR新宿駅東南口から徒歩５分　03-6273-0991　休 不定休
ap-shinjuku.com

1970年代初頭に旅館からホテルへと建て替えられた建築を、客室ごとに異なるディレクションでリデザイン。1920年代以降の日本製の家具や什器も飾られ、レトロモダンな雰囲気が魅力。ショップやラウンジでは、ヴィンテージ家具や古着、アーティスト作品などの展示会ほか、ライブイベントも行われ、宿泊客以外も利用もできる。

宿泊をリデザインする
おしゃれなホテル

1 宿泊は1泊1名7000円～
2 撮影会などでも使用。営業時間やギャラリー開催についてはインスタグラムで確認を

映画監督や文豪に愛された
1951年創業の老舗居酒屋

K's cinemaから
徒歩6分

どん底

どんぞこ

東京都新宿区新宿3-10-2　地下鉄新宿三丁目駅B2出口から徒歩２分　03-3354-7749　11時30分～23時30分LO　休 不定休

映画監督・黒澤明をはじめ、昭和の文化人に愛された老舗。舞台俳優だった創業者が出演していた舞台名に由来する店は、ロシア風居酒屋からスタート。ピザをいち早くメニューに取り入れ、名物となった。詩人・金子光晴も愛し、詩の題材とした名物カクテル「ドンカク」などとともに、元祖新宿酒場というべき名店で楽しいひと時を。

1 フロアごとに雰囲気が異なるノスタルジックな店内
2 印象的な看板はコースターのデザインにも採用
3 三島由紀夫も食べたというミックスピザ1300円
4 チャージ料金は1名500円

映画の余韻と楽しむ

K's cinema 周辺MAP

東京で最も人が集まる街といわれる新宿。

長い歴史を重ねる老舗、新感覚のアンテナショップなど新旧が雑多に交じり合うエリアといえる。

Recommended Spot

A 花園神社(はなぞのじんじゃ)
11月の酉の市では、恒例の見世物小屋が登場する

B アカシア 新宿本店(あかしあ しんじゅくほんてん)
ロールキャベツシチューは創業当時から変わらぬ味わい

C レストラン はやしや(れすとらん はやしや)
エビフライやカレーなど洋食満載の「昭和のプレート」は必食

D 珈琲西武(こーひーせいぶ)
特大のフルーツパフェをはじめスイーツ豊富なレトロ喫茶

E 居酒屋 千草(いざかや ちぐさ)
マグロと山芋を海苔で巻いた「千草巻」が名物の老舗

F PIZZERIA CAPOLI(ぴっつぇりあ かぽり)
一流の窯職人が手がけた薪窯で焼くナポリピッツァは絶品

G 世界堂 新宿本店(せかいどう しんじゅくほんてん)
画材の専門店。絵を描く人はもちろん文具好きもトリコに

H BOWLScafe(ぼうるずかふぇ)
新宿御苑の緑を眺めながら、ハンドドリップのコーヒーを

I カフェ アルル (かふぇ あるる)
看板猫が自由に歩く喫茶店。コーヒーと猫で至福の時間を

J YUBUNE(ゆぶね)
足湯のあるカフェを併設する、コスメのブランドストア

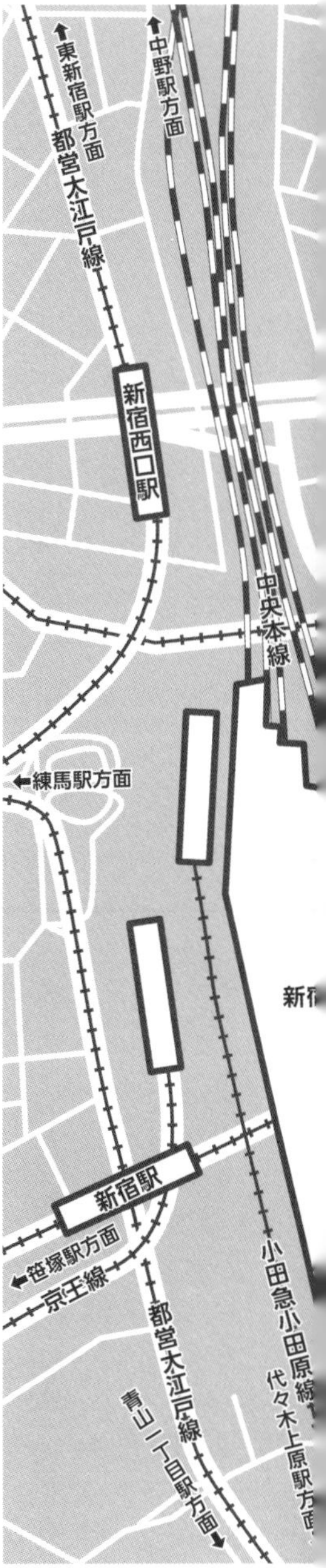

MINI THEATER 06

東京・神保町

神保町を象徴する映画館

岩波ホール

1968年に講演会や演奏会を行う多目的ホールとして誕生し、74年からは映画上映に特化、他では上映されることのない作品を紹介し続けている岩波ホール。地下鉄3路線が乗り入れる神保町駅直結の立地の良さに加え、書店街の中という他にはないロケーションとアカデミックな雰囲気で根強いファンも多い。

東京都千代田区神田神保町2-1 岩波神保町ビル10階　地下鉄神保町駅A6出口直結　03-3262-5252　192席

ミニシアターの先駆け的存在として知られる岩波ホール。その長い歴史を感じさせる雰囲気が漂う

本の街・神保町に愛され 50年以上続く老舗の映画館

古書店や出版社が軒を連ねる書店街があり、カレーや純喫茶など、グルメ好きにも人気が高く、学生街でもある神保町。そんな文化的な街でシンボルのように存在し続けているのが岩波ホールだ。

1974年から、アジアやアフリカ、中南米など日本で上映されることの少ない地域の作品やなかなか公開されなかった巨匠の作品、女性監督の作品など、気骨のある多種多様な映画をじっくりと上映してきた、ミニシアターの先駆け的な存在でもある。現在では、ひとつのスクリーンでも複数の作品を上映する劇場が多い中、今でも1本の作品を1ヶ月以上にわたって上映し続けている。『宋家の三姉妹』（97年）や『八月の鯨』（87年）など、岩波ホールを象徴するような長期ロングランとなった大ヒット作も多い。映画上映に特化してからでも約50年続く老舗の劇場であることについて、広報担当の矢本理子さんは「たとえ地味でも意義のある作品を、丁寧に1本1本愛情を込めて上映することを続けていたら、結果的に長く続いていたという感覚です」と語る。

メインの客層は中高年〜シニア層の女性だが、オープン時から通い続け、劇場と共に歳を重ねて30年以上も通っている常連客もいるという。最近では、作品のテーマや企画によって男性が多い時や若者の来場も増えている。

地下鉄出口に直結していてアクセスも便利

また、書店街にある立地を活かし、上映作品に合わせてさまざまなジャンルの書店と協力し合うことも多い。具体的には、劇場での関連本販売や、書店での映画関連フェアの実施、前売券の販売も。そうすることで、岩波ホールで映画を観た人がその書店に寄ることもあれば、書店に寄ってから映画を観に来ることもあり、相乗効果が生まれていると矢本さんは話す。

「特に常連さんには、岩波ホールに来たら、ここの本屋さんに寄って、ここでご飯を食べてというようなコースがあるようです。そういうことが脈々と続いてきたからこそ、神保町の街が岩波ホールを受け入れて、愛してくださっているように感じています」

逆境に立ち向う主人公の不屈の精神に共感

『ハンナ・アーレント』

アイヒマン裁判の傍聴記事を執筆したユダヤ人の哲学者ハンナ・アーレントの姿を通して人間がどう生きるべきかを問いかける。社会状況への危機感が高まっていた風潮も相まって男性客も多数来場。

©2012 Heimatfilm GmbH+Co KG, Amour Fou Luxembourg sarl, MACT Productions SA ,Metro Communicationsltd.
DVD：5,170円（発売中）　発売元：ポニーキャニオン

朝から晩まで問い合わせの電話に対応

『宋家の三姉妹』

中国近代史の中で時代に翻弄され波乱万丈の人生を送った三姉妹を描いた大河ドラマ。公開されるや大反響を呼び、連日満席。毎日お客さんを断るほどで、問い合わせの電話にも出ずっぱりだったそう。

©1997 MORE TEAM INTERNATIONAL
Blu-ray・DVD：各4,120円　発売元：ポニーキャニオン／フジテレビジョン
販売元：ポニーキャニオン

岩波ホールの頭文字「i」をモチーフにしたデザインがあちこちに

広報担当 矢本理子さん（左）と
田澤真理子さん（右）

INTERVIEW

―1ヶ月以上という上映期間を決めて変更しないという、他の劇場にはない方針を立てているのはなぜですか？

「ある程度長い期間上映することを前提に、前売券を売ることが岩波ホールのスタンスになっています。上映期間が短いと宣伝も行き届かず、作品を知っていただけないので、今でも、最低6週間か7週間は上映することを基本にしています」

―日本では上映されることの少ない国の作品が多いのはなぜですか？

「基本的には普遍的なメッセージのある作品や、人権や教育など社会的な問題がテーマになっている映画を上映したいと思っています。今まで知らなかった国でも、映画を観ると、その国の風景や食べ物、服装など空気感を掴むことができるのが映画の魅力だと思います。上映作品を通して世界への視野を広げてもらえたらうれしいですね」

―普段からお客様とお話しする機会は多いのでしょうか？

「普段から、電話のお問い合わせに答えたり、劇場でお客様と接しています。映画鑑賞後に、感想をお聞きすることもあるので、お客様の具体的なイメージがあるのです。映画がちゃんと届いたことを実感する時、この仕事を続けてきて良かったなと思います。日々、お客様に支えてもらっています」

―知られていない国や題材の作品の上映時に意識していることはありますか？

「一般的に知られていない国や題材の作品を上映する際は、専門家の方にアドバイスをいただき、そこから糸口を見つけて宣伝することが多いです。毎回、勉強している感じです。神保町はその点、関連書籍をすぐに買いに行ける、すばらしい街なんです」

映画は知らない世界を教えてくれる存在です

異例の計25週間のロングラン上映

『父と暮せば』

原爆投下から3年後の広島を舞台に、生き残った娘と幽霊となった父の交流を描く。初日の舞台挨拶時には問い合わせが殺到し、異例の指定席販売。今では考えられない計25週間のロングラン上映を実施。

Blu-ray BOX：7,480円
原作：井上ひさし 監督：黒木和雄 脚本：黒木和雄・池田眞也

図書館関係者の間で大反響

『ニューヨーク公共図書館』

世界屈指の知の殿堂、ニューヨーク公共図書館の舞台裏を映したドキュメンタリー映画。連日、老若男女問わず来場があったという。近隣の千代田区立図書館では、写真パネル展を開催してくれた。

DVD：6,380円 Blu-ray：7,480円
配給：ミモザフィルムズ／ムヴィオラ

Photo Gallery

地下鉄から劇場へ
向かう階段には、
重厚感ある石壁が。
映画館で観るという
期待感を、さらに
高めてくれる

神保町交差点の
角に位置し、
ランドマーク的な
存在

上映時間は
こちらで
チェック

開業時からの
上映作品のチラシが
年代別に貼られている。
眺めていると
待ち時間も
あっという間

シアターへ
GO!

岩波ホール

周辺 おでかけスポット

老舗画材店が手がけるギャラリーカフェ

1

書店で買い物をして、こちらで読書タイムを楽しむ人も多い

岩波ホールから
徒歩4分

文房堂

ぶんぼうどう

東京都千代田区神田神保町1-21-1 地下鉄神保町駅A7出口から徒歩3分 03-3291-3441 10時～18時30分 休 無休(年末年始を除く)

明治20年(1887)創業、日本で初めて専門家用油絵の具を開発・販売した老舗画材店。本格的な画材はもちろん、色とりどりの文具や雑貨、アート小物が揃う。3階にはギャラリーカフェがオープンし、若手アーティストの企画展を眺めながらひと休みすることができる。ドリンクのほか、ホットドッグやサンドイッチなど軽食メニューも。近隣の人気タルト店「STYLE'S CAKES &CO.」のケーキも平日限定で登場。アートに包まれた空間で充実した時間を過ごして。

3

2

1神保町の人気店の味が楽しめる。ケーキは日替わり 2昔ながらの製本技術で作られた復刻版大學ノート各1650円 3千代田区景観まちづくり重要物件にも指定された歴史あるビル

岩波ホールから
徒歩4分

共栄堂

きょうえいどう

東京都千代田区神田神保町1-6 サンビルB1階 地下鉄神保町駅A5出口から徒歩2分 03-3291-1475 11時〜19時45分LO 休 日曜、祝日は不定休

大正13年（1924）創業。スマトラ島カレーをベースに、じっくり炒めた20数種類もの香辛料を使用した褐色ソースは、さらりとしながらも濃厚な味わい。人気のビーフカレーは牛肉のうま味、赤ワインがコクを生み出し、高級感も堪能できる一品だ。すべてのメニューにポタージュスープが付くのもうれしい。冬は焼きリンゴのデザートも登場する。

カレーの街で味わう
名品スマトラカレー

1靖国通り沿いのビルの地下にある。階段を下りていざカレーの名店へ 2ビーフカレー1380円。ハヤシライスも隠れた人気

岩波ホールから
徒歩3分

虔十書林

けんじゅうしょりん

東京都千代田区神田神保町1-15 清田ビル1階 地下鉄神保町駅A7出口から徒歩2分 03-5282-3963 12〜19時 休 日曜

単館系から名監督による超大作まで、映画関連グッズを幅広く取り揃える古書店。その客層は幅広く、ゴジラなどの怪獣物を探す50代、戦前の作品を探す20代など、老若男女に愛される。好きな作品を伝えれば、気さくな店主が相談に乗ってくれるのも魅力のひとつ。タイムスリップ感覚で、お宝発掘を楽しもう。

探し物がきっと見つかる
映画特化型古書店

1黄色い猫の看板が目印 2映画のパンフレットをはじめ、ポスター、チケットの半券まで！戦前の貴重なものも見つかる

岩波ホールから
徒歩10分

MANGA ART HOTEL,TOKYO

まんが あーと ほてる とーきょー

東京都千代田区神田錦町1-14-13 LANDPOOL KANDA TERRACE 4・5階 地下鉄小川町駅B7出口から徒歩1分 休 無休 mangaarthotel.com/

マンガ喫茶ともカプセルホテルともひと味違う、マンガ三昧な宿泊“漫泊”を体験できるホテル。館内には厳選の5000冊が並ぶ。選ぶのに悩んだ際には、キュレーターがアドバイスをしてくれるサービスも。マンガに一晩中没頭してほしいという思いから、宿泊なしの時間利用はなし。好きな作品を好きなだけ読む贅沢な時間を堪能して。

一晩中眠れない!?
刺激的な“漫泊”を体験

1女性16室、男性19室で男女別フロア 2宿泊料金は平日4800〜5800円、土・日曜、祝日とその前日は5800〜6800円

岩波ホール 周辺 MAP

F　ビヤホール ランチョン(びやほーる らんちょん)
100年以上愛され続ける老舗。洋食とビールで乾杯しよう

G　学士会館(がくしかいかん)
東京大学発祥の地に建つ。和食・中華・フレンチのレストランも

H　南洋堂書店(なんようどうしょてん)
建築関連専門の書店。ビルのデザインも見ごたえあり

I　竹尾・見本帖本店(たけお・みほんちょうほんてん)
紙の専門店。色のグラデーションで並べられる紙サンプルが壮観

J　眞踏珈琲店(まふみこーひーてん)
約4000冊の本が並ぶブックカフェ。読書の時間を満喫

古書店街として有名だが、出版社が集まるエリアでもある。文房具や紙などの専門店も多いので、点在する喫茶店で休憩しながらゆっくり巡ろう。

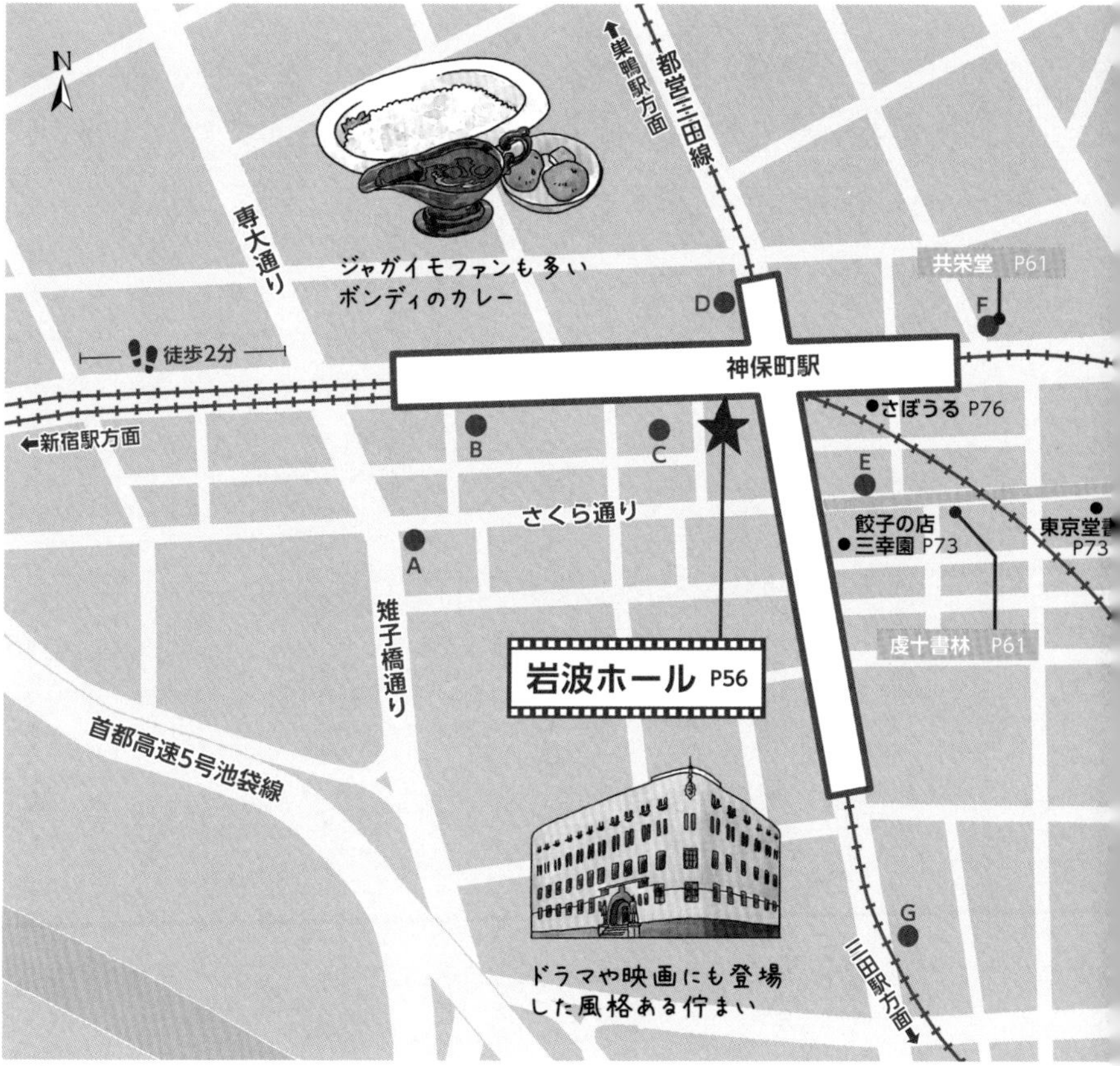

Recommended Spot

A 成光(なりみつ)
神保町の町中華といえばコチラ。半チャンラーメンが定番

B ブックハウスカフェ(ぶっくはうすかふぇ)
懐かしいものから話題の新刊まで、1万点の絵本がズラリ

C 欧風カレー ボンディ 神保町店
(おうふうかれー ぼんでぃ じんぼうちょうてん)
甘さと辛さが調和するオリジナルソースが際立つ極上カレー

D 神保町にゃんこ堂(じんぼうちょうにゃんこどう)
猫好きの聖地。約2000冊の猫本のほか、オリジナルグッズも

E 揚子江菜館(ようすこうさいかん)
“富士山”とよばれる元祖冷し中華「五色涼拌麺」が人気

MINI THEATER

07

神奈川・黄金町

黄金町にアートの風を吹き込んだ シネマ・ジャック＆ベティ

かつては多数の劇場で賑わった横浜・伊勢佐木町エリア。その一角で1991年にオープンしたシネマ・ジャック＆ベティ。スクリーンに「ジャック」「ベティ」という人の名前が付けられた珍しい劇場だ。街づくりの視点で相乗効果を生み出しながら、映画の街に近付こうと運営を続ける。

神奈川県横浜市中区若葉町3-51　京急黄金町駅から徒歩５分　045-243-9800
ジャック(96席)ベティ(115席)※各車椅子1席

真っ赤な内装の「ベティ」。シアター名に名前が付いていることは珍しく、印象に残っている方も多いそう

地域に根差した劇場として 横浜のランドマーク的存在に

１９５２年に開館した横浜名画座を建て直し、１９９１年にシネマ・ジャック＆ベティの名でオープン。２００５年に一度閉館するも、同年中に再開。紆余曲折を経て２００７年から支配人を務めているのが梶原俊幸さんだ。黒澤明監督の『天国と地獄』（63年）や林海象監督の『私立探偵 濱マイク』シリーズの舞台になりながら、少し危ない街という印象を持たれていた黄金町。横浜市による文化芸術的な魅力を取り入れた黄金町の街づくりに、何か貢献できればと活動していたことがきっかけで、「劇場が賑やかになれば、街に人が流れ、文化芸術活動とも連動できる」と考え、劇場運営を引き受けた。

ただ、一度劇場が閉まっていたため、引き継ぎ再開した当初は集客に苦戦。そこで、他の劇場がやっていないことに取り組もうと、舞台挨拶やトークショーなど、観客とコミュニケーションのとれるイベントを多数実施。それに加えて、月に1度は支配人を囲む交流会も開催し、観客の意見を聞く場を今も設けている。

それも全て、地域の人々との交流を深め、地域に根差した劇場を目指しているからだ。「ここのように街の中にある劇場の周りには、老舗の名店やその土地にしかないお店があります。劇場は、そういうお店を紹介する役割を果たすべきだと思っています。劇場が、街のランドマーク的な存在になって、劇場と街の両方を楽しんで帰ってもらいたいんです」と、劇場が街に果たす重要な役割について梶原さんは語る。

シネマ ジャック

ブルーの内装がスタイリッシュな「ジャック」

以前は、フィルム上映による旧作２本立ての「ジャック」と、新作の「ベティ」と分けていた頃もあったが、現在は区別なく上映。新作の上映が増えているが、旧作の上映も続けている。それも梶原さんが大事にしていることのひとつ。「新作を観たお客さんが旧作で映画の幅広さを知ってくれたり、旧作を観た方が予告編を観て、新作も観ようと思ってくれたり、いろんなタイプの映画好きが劇場の中で生まれてほしいので、新旧、ジャンルを問わずに幅広く上映していくことが大事だと思っています」

昔ながらの洋画ファンにハマった作品

『クロワッサンで朝食を』

フランスの大女優ジャンヌ・モロー主演の感動作。気難しい老婦人と家政婦の女性の交流を描く。昔からの洋画好きの観客が多く来場し、久しぶりに映画を観に来たという年配の女性も多かったそう。

食の問題への興味の高まりで常に満席状態

『いのちの食べかた』

食べ物が、どのように食卓へ辿り着くのかを追ったドキュメンタリー映画。命を食べるとはどういうことなのかに迫る。引き継いだ直後の手探り状態の頃に上映したが、朝はシニア、夜は若者でほぼ満席状態に。

映画祭の街・横浜

映画祭は今や全国各地で開催されているが、横浜でも多種多様な映画祭が開催されている。シネマ・ジャック&ベティは数々の映画祭の会場となり、外部会場での映画祭の運営や協力も行う。映画の街だった頃の活気を取り戻そうと、ボランティアが立ち上げ、2008年にシネマ・ジャック&ベティで開催された“黄金町映画祭”は、近隣の劇場も加わり現在は“横浜みなと映画祭”として継続している。“フランス映画祭 横浜”など大規模なものから、“よこはま若葉町多文化映画祭”といったエリア特化型のものまでジャンルは多彩。“横浜中華街映画祭”では、「中華系の映画を観て外に出ると中華街のど真ん中に出るので、映画館を出ても映画の中にいるような感覚を味わえるんです」と支配人・梶原さんは語る。「映画を通じて、他のどこでも味わえない経験が、街の中で体験できるといいなと思っています」

ヨコハマ映画祭

今年で42回の歴史を持つ市民が立ち上げた映画ファンのための熱い祭典。

横浜中華街映画祭

中華街の「中華菜館 同發（どうはつ）」の元映画館だった新館で毎年開催する。

横濱インディペンデント・フィルム・フェスティバル

若手映画監督の輩出を目的にしたコンペティション映画祭。上映支援・制作支援など助成も充実。

ヨコハマ・フットボール映画祭

毎年100本近く制作されるサッカー映画から厳選。サッカーファン注目の映画祭。

よこはま若葉町多文化映画祭

ジャック＆ベティ周辺は多文化な地域。周辺住民にゆかりの国の映画から、身近な“世界”を考える。

© unifrance

フランス映画祭 横浜

ユニフランス主催、横浜市が共催。日本初公開の新作フランス映画を中心に上映。

支配人 梶原俊幸さん

INTERVIEW

——支配人を引き受けたきっかけは？

「断ったら、また劇場が閉館するんじゃないかという思いと、劇場の営業が続けられる状況だったので、できるところまでやってみようという気持ちで引き受けました」

——お客様との交流会を始めた理由とは？

「なぜお客様がこんなに少ないんだろう？という素朴な思いから、わずかながら来てくださっているお客様に聞いてみようと思ったのがきっかけです（笑）」

黄金町は映画をはじめ
アートの街なんですよ

エスカレーターを
上がれば
異世界へ

事務所には
来場した監督らの
サインが並ぶ

かつて向かいに
建っていた
「横浜日劇」の
写真もあり

往年の
映写機も展示
されている

上映作品の
関連グッズが
並ぶ売店

シネマ・ジャック&ベティ

周辺 おでかけスポット

アート散策が楽しい
黄金町の高架下エリア

シネマ・ジャック＆ベティから
徒歩5分

黄金町アートブックバザール

こがねちょうあーとぶっくばざーる

🏠 神奈川県横浜市中区日ノ出町2-145先 日ノ出スタジオIII棟 📍 京急日ノ出町駅から徒歩3分 📞 045-231-9559 🕒 11〜19時 休 月曜※祝日の場合は翌日

京急線高架下にある、美術書を中心に扱う古書店。もともと横浜の美術界隈の人たちが所有していた個人の愛蔵書から集められたというラインナップには、海外の画集や絵本、展覧会図録、昔の美術雑誌などレアな本の数々も。ポストカードや雑貨など、黄金町に縁のあるアーティストのグッズも並び、ミュージアムショップのような佇まい。

1ガラス張りで見通しの良い店内が気持ちいい。高架下エリアの並びには飲食店も 2手にとってみたくなる安部泰輔さんの作品 3約2万点の商品が並ぶ

gallery made in Koganecho

ぎゃらりー めいどいん こがねちょう

🏠 神奈川県横浜市中区日ノ出町2-145先 日ノ出スタジオI棟 📍 京急日ノ出町駅から徒歩3分 📞 045-231-9559(黄金町アートブックバザール) 🕒 11〜18時 休 不定休

黄金町で活動するアーティストの作品を中心に、黄金町産のアートを展示販売しているギャラリー。絵画や写真、彫刻などから、多様なジャンルの立体作品まで幅広く扱う。川沿いの散策ついでにふらりと立ち寄る人の姿も。黄金町アートブックバザールとともに、アートで街づくりを行う黄金町エリアマネジメントセンターが運営する。

1黄金町では国内外のアーティストが滞在制作をしている 2花器は、アーティスト・山本貴美子さんの陶芸作品

世代を超えて愛される 町のパン屋さん

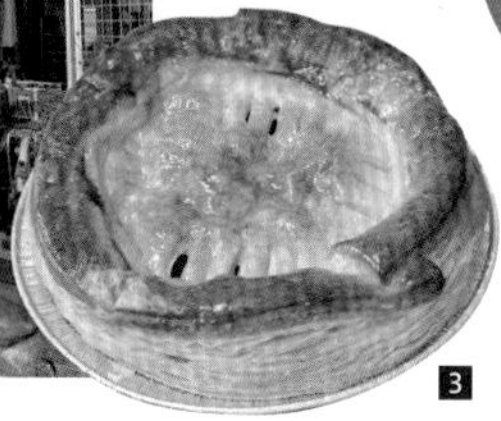

1 昔ながらの佇まいにほっこり　2 山型食パン・キング350円（一山）はこだわりのきめ細かさ　3 人気No.1のアップルパイ350円（1/4カット）、1400円（ホール）

シネマ・ジャック＆ベティから徒歩1分

パン工房 カメヤ

ぱんこうぼう かめや

神奈川県横浜市中区末吉町3-40　京急黄金町駅から徒歩5分　045-231-1729　8〜19時　休 日曜

創業90年、阪東橋・黄金町で愛され続ける老舗ベーカリー。三代目店主とその息子の四代目が焼き上げるパンは、食パンやあんパンなどの定番から、デニッシュ、サンドイッチなど毎日60種類ほど。お目当てのパンを楽しみに来る常連客も多い。シネマ・ジャック＆ベティの売店でもここのサンドイッチを販売している。茶目っ気たっぷりの奥様の人柄がまた魅力。

マスターのこだわりがつまった 昔懐かしい喫茶店

劇場スタッフのオススメ★

店内のポスターや雑誌、BGMのセレクトの趣味が良いことで人気のお店なんです

シネマ・ジャック＆ベティから徒歩5分

珈琲山

こーひーやま

神奈川県横浜市南区前里町1-20 2階　京急黄金町駅から徒歩1分　045-242-8029　11〜21時　休 日曜

1 梶原支配人オススメの牛肉ピラフは後を引くおいしさ。ドリンクセットで1120円
2 アートな雰囲気が漂う店内
3 レトロな看板が目印

黄金町駅前にある、音楽好きの店主が営む純喫茶。1985年の創業からスタイルが変わらないというレトロな店内には、横尾忠則やデヴィッド・ボウイなどアート系のポスターがセンスよく飾られ、クラフトワークの音楽が心地よく響く。サイフォンで一杯ずつ淹れるコーヒーを味わいながら、ゆっくりと映画の余韻に浸りたくなる空間だ。

シネマ・ジャック&ベティ 周辺MAP

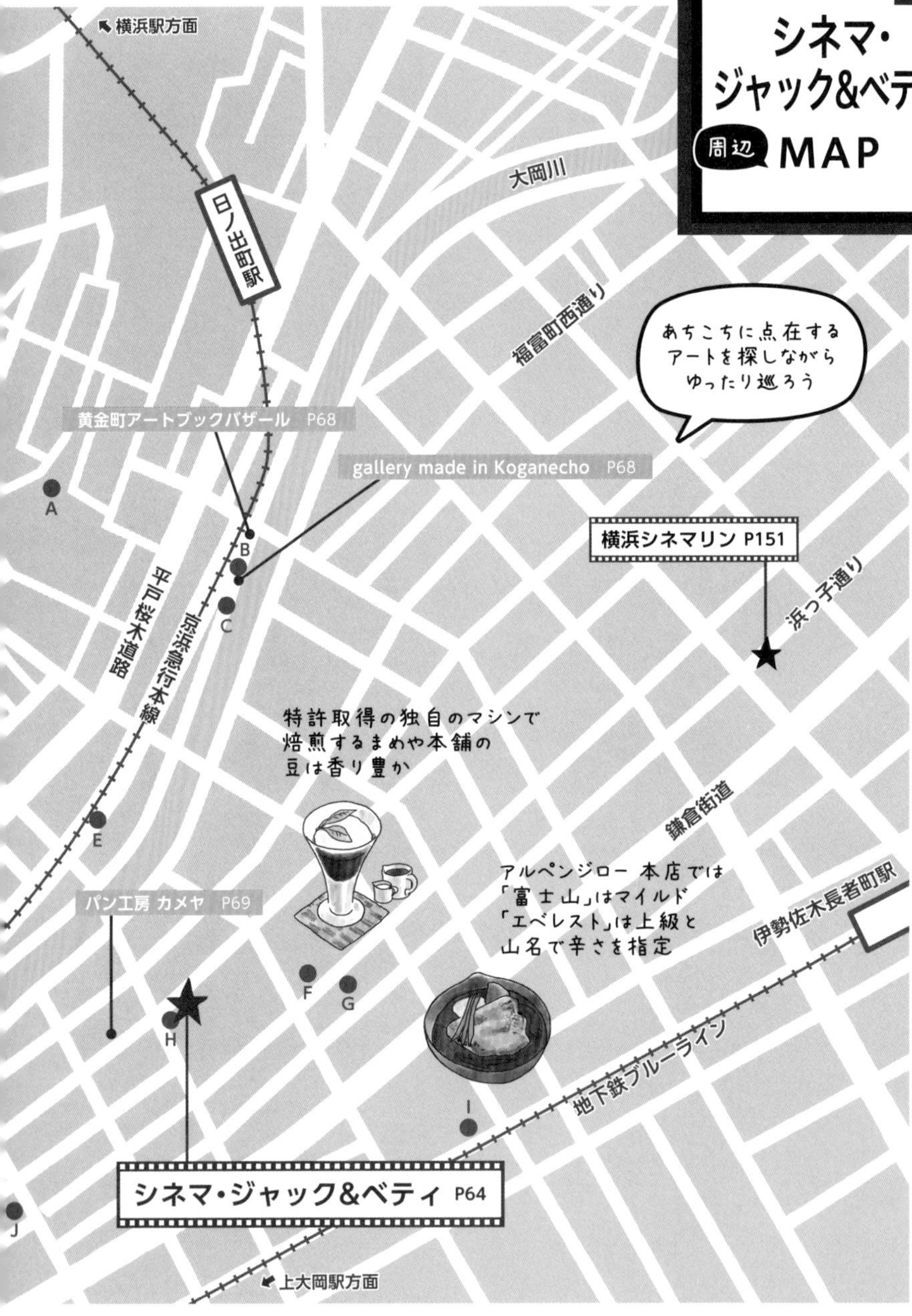

アートな街として注目を集めている
日ノ出町〜黄金町エリア。高架下にはギャラリーが
集まり、アーティストの作品を眺めながら
街歩きが楽しめる。

Recommended Spot

A tonerico（とねりこ）
ポーランド食器を扱う隠れ家カフェ。不定休でOPEN

B MZ arts（えむじぃーあーつ）
アール・ブリュットとよばれる分野をテーマに作品を展示

C Tinys Yokohama Hinodecho（たいにーず よこはま ひのでちょう）
カフェやホテルの複合施設。大岡川でのサップ体験もできる

D Strasbourgeoise（すとらすぶるじょあ）
フランス・アルザス地方のスイーツ店。イートインもOK

E 高架下スタジオSite-Aギャラリー
（こうかしたすたじお さいとえー ぎゃらりー）
高架下のギャラリー空間。さまざまな企画展を開催

F 珈琲焙煎問屋 まめや本舗 本店
（こーひーばいせんどんや まめやほんぽ ほんてん）
ジャック＆ベティの半券割引あり。コーヒーゼリーも逸品

G 馬燈書房（まとうしょぼう）
映画関係の書籍充実。鑑賞前後に立ち寄るファンも多い

H Zzs & Babar's（じじーずあんどばばーず）
店主が手がけた内装＆外装がインパクト大なカフェバー

I アルペンジロー 本店（あるぺんじろー ほんてん）
山小屋をイメージした、スパイス香るスープカレーの名店

J 川本屋茶舗（かわもとやちゃほ）
伊勢佐木モールの茶舗。パウンドケーキが地元の銘菓に

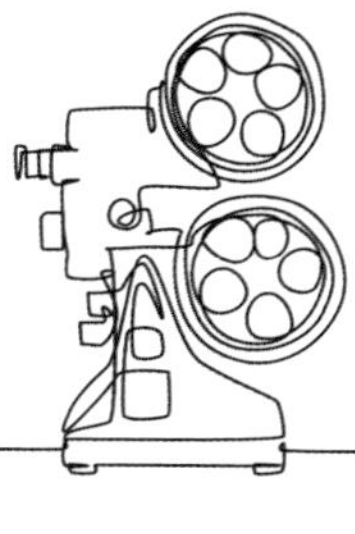

旧作の魅力を再発見 名画座へ行こう

旧作映画または新作封切館での公開を終えた作品を上映する名画座。テーマ別に作品を集めるなど、劇場ごとに個性が異なるのも魅力だ。

ほんのちょっと坂を進むと現れる

全国の名画座 1 ギンレイホール

予約・座席指定なしの2本立て上映 駅からすぐの昭和レトロな劇場

赤いレンガ造りの壁。入り口には職人手描きのスケジュール看板。古き良きたたずまいでお客さんを迎えてくれる。前身の銀鈴座は、1953年開業。大ヒットした話題作、ひっそりと公開を終えた秀作など、ロードショー後の作品を独自のセレクトで2本立て上映する現在の名画座スタイルとなって40数年余り。多くの映画ファンから愛され、巨匠・山田洋次監督『キネマの神様』(21年)のモチーフにもなった名画座だ。女性目線を意識したプログラムで、組合わせは2週間ごとに入れ替わり。観逃がしていた作品との出合いを、映画ファンに提供してくれる。

1年間見放題の年間パスポートあり

東京 > 飯田橋

ギンレイホール《ぎんれいほーる》

- 東京都新宿区神楽坂2-19
- 地下鉄飯田橋駅B4a・B4b出口から徒歩1分
- 03-3269-3852
- 198席

Recommended Spot

情緒あふれる街並みを散歩

神楽坂の街並み《かぐらざかのまちなみ》

路地裏散歩が楽しい神楽坂。かくれんぼ横丁や兵庫横丁など黒壁や石畳が美しい景観が残る。

- 東京都新宿区神楽坂周辺
- 地下鉄飯田橋駅B4a出口から徒歩3分

モチモチ皮の手作り肉まん

フルオンザヒル《ふるおんざひる》

プチ椎茸肉まん345円など8種類がスタンバイ。持ち帰り用だが、すぐに食べられる温かいものも販売。

- 東京都新宿区中町37
- 地下鉄牛込神楽坂駅A2出口から徒歩3分
- 03-3260-6996
- 11時30分～19時
- 休 水曜

じっくり眺めたくなる独特な外観

COLUMN 名画座へ行こう

全国の名画座 2

神保町シアター

映画のついでに街ぶらを "本の街"で存在感を放つ名画座

さながらSF映画のセットのような建物内では、昭和の名画が上映中。プログラムは"本の街"神保町とリンクさせた、小説が原作の文芸作品が中心。歴代最高動員を記録したのは、日本を代表する映画監督・小津安二郎の生誕110年・没後50年記念の特集だ。時には、趣向をがらりとチェンジ。特撮映画の金字塔『ゴジラ』、国民的アニメの映画版『ドラえもん』のシリーズを上映し、大好評を得たことも。鑑賞後、原作や関連書籍をすぐ探しに行けるのも、この場所ならでは。近くに有名な飲食店も多く、劇場を軸に街ぶらプランを練るのも楽しい。

目にも楽しいオリジナルのチラシ

東京 > 神保町

神保町シアター《じんぼうちょうしあたー》

東京都千代田区神田神保町1-23
地下鉄神保町駅A7番出口から徒歩3分
03-5281-5132
99席

Recommended Spot

ラインナップに熱い注目が!

東京堂書店《とうきょうどうしょてん》

すずらん通り沿いの新刊書店。選書が個性的だと本好きから注目を集める。1階にはカフェも併設。

東京都千代田区神田神保町1-17　地下鉄神保町駅A7出口から徒歩3分　03-3291-5181　11～19時※カフェは17時45分LO　休 1月1日～1月3日

創業当時から変わらぬ味

餃子の店 三幸園《ぎょうざのみせ さんこうえん》

1956年創業。1時間じっくり練り上げたあんで作る焼き餃子540円はうま味がたっぷり。

東京都千代田区神田神保町1-13　地下鉄神保町駅A7出口から徒歩2分　03-3291-8186　11時～翌2時LO※日曜、祝日は22時LO　休 土曜

全国の名画座 3

パルシネマしんこうえん

希望すれば映写室の見学もOK

支配人の映画愛がいっぱい アットホームな名画座

飲食店やスナックなどと同じ並びに、開館50周年を迎えた名画座がある。２０１９年６月、『タイタニック』の国内ラスト上映には東京や九州からもお客さんが駆け付け、大盛況。映画ファンに一目置かれる名画座に。上映作品は支配人自らが近隣の映画館でチェックし選抜、テーマを決め２本立ての編成が組まれる。２本の共通点を考えてみるのも、鑑賞前のお楽しみのひとつ。映画トークをするお茶会を毎月催したり、上映前の支配人の解説、モーニングショーの導入など企画も続々。映画ファンの期待に応えたい、支配人の映画愛があふれている。

商店街の入り口すぐに位置する

兵庫 > 湊川公園

パルシネマしんこうえん《ぱるしねましんこうえん》

兵庫県神戸市兵庫区新開地1-4-3
地下鉄湊川公園駅東出口5から徒歩2分
078-575-7879
135席

Recommended Spot

神戸を代表する洋食の名店

グリル一平 新開地本店《ぐりるいっぺい しんかいちほんてん》

極薄玉子で巻くオムライスは伝統の逸品。代々受け継がれる絶品のデミソースと一緒に召し上がれ。

兵庫県神戸市兵庫区新開地2-5-5 リオ神戸2階 各線新開地駅3番出口から徒歩3分 078-575-2073 11時30分～14時30分LO、17時～17時30分LO 休 水・木曜

常連に愛される人気店

COZY COFFEE《こーじー こーひー》

自家焙煎のコーヒー豆店。パルシネマしんこうえんのオールナイト上映時は、ロビー販売することも。

兵庫県神戸市兵庫区荒田町1-18-8 マミービル1階 地下鉄湊川公園駅東出口2から徒歩2分 078-521-9200 11～20時 休 火曜

全国の名画座 4　小倉昭和館

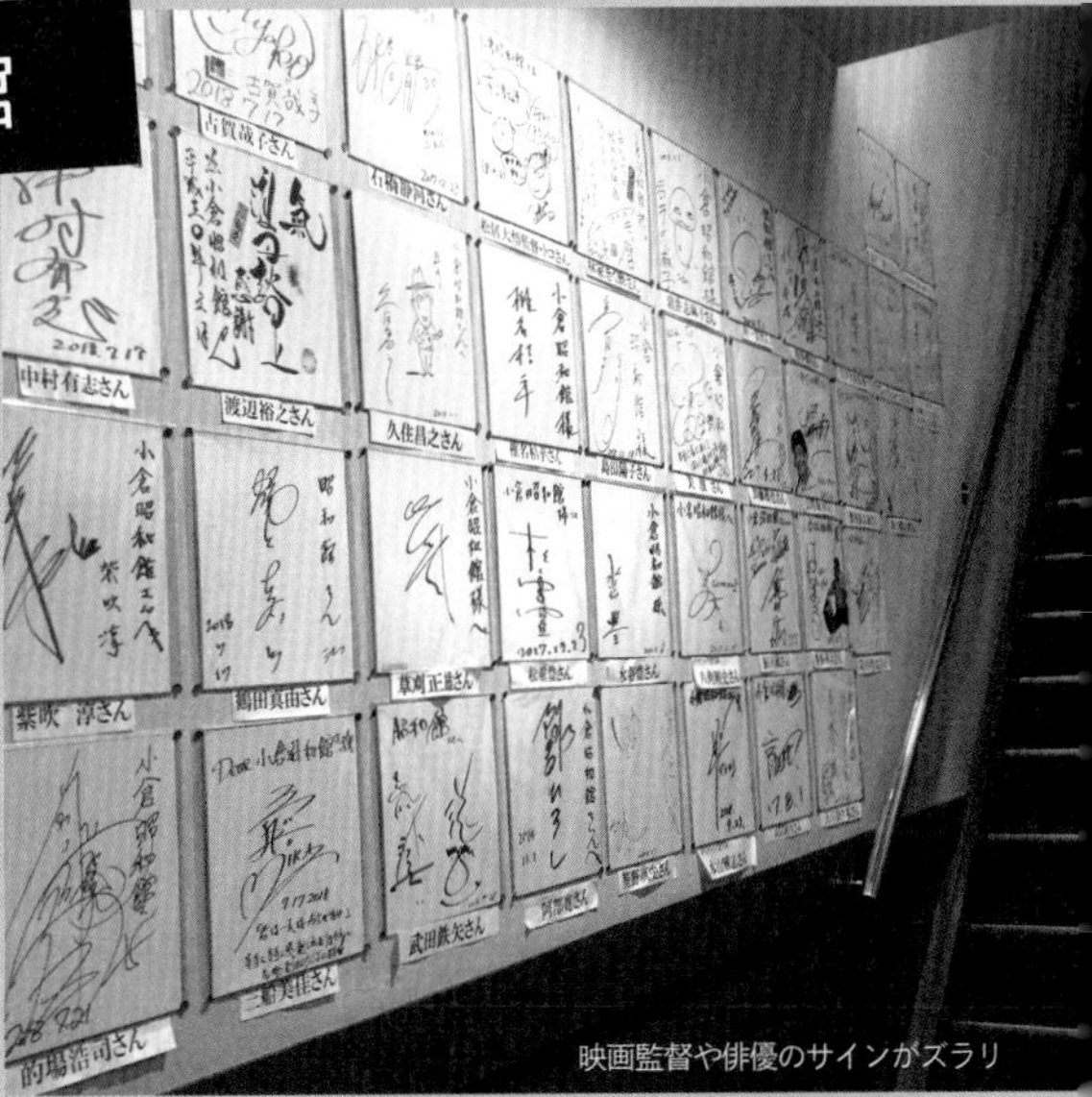

映画監督や俳優のサインがズラリ

観るだけでは終わらない　プラスαの体験を

北九州市唯一の単館系で、創業80年超えの老舗劇場。はじめは芝居小屋も兼ねていた名残で、スクリーン前には舞台が。ここへ上映作ゆかりのゲストを招き、月1回ほどのペースでトークイベント"シネマカフェ"を開催している。また美術館など、文化施設との企画も盛んだ。地元・松本清張記念館との『砂の器』コラボ上映では、女優・島田陽子さんトークイベントを実施。ダンスがテーマの2本立てでは、上映後に舞台でダンサーが踊ったことも。より深く作品世界を堪能してもらおうという試みだ。

プラスαの体験が、ここにある。

静かな路地に緑の屋根が際立つ

福岡 > 旦過

小倉昭和館《こくらしょうわかん》

福岡県北九州市小倉北区魚町4-2-9
モノレール旦過駅西出口から徒歩2分
093-551-4938
休 火曜(毎月1日、祝日の場合は営業)
1号館(228席/ペアシートあり)、2号館(96席)

Recommended Spot

ミステリー界の巨匠の全貌に迫る

写真提供 北九州市立松本清張記念館

松本清張記念館《まつもとせいちょうきねんかん》

『点と線』や『砂の器』などで知られる、北九州市出身の作家・松本清張の魅力に触れられる記念館。

福岡県北九州市小倉北区城内2-3　各線小倉駅小倉城口から徒歩15分　093-582-2761　料 入館600円　9時30分～17時30分入館締切　休 月曜(祝日・振替休日の場合は翌日)、12月29日～1月3日

昭和ムード漂う北九州の台所

旦過市場《たんがいちば》

100年以上の歴史を誇る市場。鮮魚店、青果店、精肉店、惣菜店など100を超える店舗が軒を連ねる。

福岡県北九州市小倉北区魚町4-2-18　モノレール旦過駅西出口から徒歩2分
093-521-4140　休 店舗により異なる

人々に愛され続ける老舗人気店の名物ナポリタン

名画座のあとは、純喫茶へ

名画座で映画を観たあとは、同じくレトロな雰囲気が魅力の純喫茶でひとやすみ。名物メニューを味わいながら、映画の余韻に浸る時間は格別。

神保町シアターのあとは・・・

さぼうる

昭和30年（1955）より66年間にわたり、古書のまち・神保町で営業を続ける老舗純喫茶。「さぼうる」は、サンドイッチやトーストなどの軽食メニュー、喫茶メニューがメイン。お隣の姉妹店「さぼうる2」はナポリタンや生姜焼きなど、食事メニューを中心に提供するレストラン。映画後にしっかり食事をしたい時はこちらへ。

東京都千代田区神田神保町1-11
地下鉄神保町駅A7番出口から徒歩1分
03-3291-8404　9時30分～23時（22時30分LO）　休 日曜（祝日不定休）

1 普通に頼むと超大盛サイズが提供される「さぼうる2」の名物メニュー。ナポリタン 800円　2 南国の雰囲気を醸し出す「さぼうる」　3 タイムスリップしたような昭和レトロな店内

情緒ある街の裏通り 歴史と文化を見守る珈琲店

ギンレイホールのあとは・・・

トンボロ《とんぼろ》

設計事務所を営んでいたご夫婦が24年前に開業した、古家を改装したアットホームな喫茶店。ブレンド珈琲600円は酸味と苦味の2種類あり。その他プリンやチーズケーキなど正統派スイーツが味わえる。インドの友人直伝のタンドールチキンカレーも人気メニュー。お隣の「トンボロ分室」は息子夫婦が営むギャラリースペースだ。

東京都新宿区神楽坂6-16 地下鉄神楽坂駅1a番出口から徒歩3分 03-3267-4538 11〜18時（17時30分LO） 休 水・木曜

1ゆったりと落ち着いた、あたたかい空気が流れる店内 2 1日限定30食の手作りプリン400円は毎日完売する人気者

パルシネマしんこうえんのあとは・・・

エデン《えでん》

今も歴史を刻み続ける神戸最古の喫茶店

ボリュームたっぷりのミックスサンド700円

昭和23年（1948）創業、神戸で最も歴史ある純喫茶のひとつ。阪神淡路大震災を乗り越え、創業当時の佇まいを今に残す。船室を模した店内には、船舶装備職人手作りの家具がズラリ。2代目が守り続ける珈琲はネルドリップで上質な味わい。

兵庫県神戸市兵庫区湊町4-2-13 各線新開地駅6番出口から徒歩1分 078-575-2951 8〜18時 休 年末年始

小倉昭和館のあとは・・・

喫茶《きっさ》 寛乃《ゆたかの》-yutakano-

1杯ずつ丁寧に淹れられた珈琲を味わえる

ドリップ珈琲もセットのモーニングプレート880円

2019年にオープンした自家焙煎珈琲の純喫茶。焙煎室で丁寧に焙煎された珈琲は400円〜。オムライスやフレンチトーストなどフードメニューも人気。朝6時からモーニングを楽しめるので、映画鑑賞前のひと時にも。

福岡県北九州市小倉北区馬借2-4-16 モノレール旦過駅東出口から徒歩7分 093-482-2170 6〜18時（16時LO）、予約のみ18〜22時（20時 LO） 休 火曜、第1・3水曜（祝日、連休は営業。詳細はインスタグラムをチェック）

MINI THEATER 08

愛知・名古屋

人の記憶に残る、最上級の体験を
シネマスコーレ

名古屋駅近くにあるシネマスコーレは映画監督・若松孝二がオーナーを務めたミニシアターだ。個性的なイベント演出で作品を盛り上げることから心待ちにする劇場ファンはもちろん、ここで作品を上映したいと願う映画関係者も多い。業界内でも突出した存在感を放っている。

愛知県名古屋市中村区椿町8-12 アートビル1階
JR名古屋駅太閤通口から徒歩2分　052-452-6036　51席

ロビーがないので、グッズは入口でスタンバイ。
座席番号入りのオリジナルトートバッグは、
常連必須のアイテム

あふれる映画愛が高める 劇場、観客、作品との親和性

名古屋駅から徒歩2分の場所にあるシネマスコーレ（以下、スコーレ）。「若い映画監督が作った映画を上映できる場を提供しよう」と、映画監督の若松孝二がオーナーとなり、1983年に開館。スクリーンは1つのみ、上映される作品の本数は月15～20本と多く、年間250本ほど。スコーレ限定で上映される作品も多い。構成されるプログラムの基本は「スタッフがおもしろいと思った作品を上映する」こと。もちろん作品の良し悪しは観る人によって違うが、スコーレではおもしろいと思った作品ならばジャンルに関係なく上映することをモットーにしている。

なぜスコーレ限定で上映される作品が多いのか。それは映画制作者との関係性の濃さから生まれる親和性にある。ミニシアターに限らず、映画館ではトークショーや舞台挨拶などのイベント上映などが開催されるが、スコーレではそのイベントの企画力が群を抜いている。ホラー映画の上映中にスクリーンから登場人物が飛び出してくる、桜がふぶくシーンで劇場内に紙吹雪が舞う、など、他にはない仕掛け上映を多数展開している。これらは映画愛にあふれ、"人の記憶に残ることがしたい"と、お祭り騒ぎが大好きなスタッフたちが映画監督たちと一緒になって企画したもの。シネコンはもちろん、他の劇場にもない、観客と作品との親和性を高めるイベントとして毎回注目を集めている。

劇場内に傾斜があるため鑑賞しやすい

監督や出演者はこの劇場ならではの独自性や映画愛の深さを知り、ここで自分たちの作品を上映したいと思うようになる。そしてその声に応えようと、スコーレはさまざまな作品の上映やイベントを決めてきた。爆発的ヒットを記録した『カメラを止めるな!』（17年）も公開当初、名古屋ではスコーレのみでの公開だったが、それも映画製作者と長年かけて培ってきた濃い関係性があったからこそ。

あの監督がスコーレで上映すると何か特別なことがある、おもしろいことをやっている劇場がある、その繰り返しでスコーレでしか上映されない作品が増えていく。今日もまた、話題を聞きつけた映画ファンが劇場に足を運び、新たなヒット作が生まれていく。

20回以上も観に来たリピーターも！

©2019 フューチャーコミックス

『性の劇薬』

人気BLコミックが原作。漫画や小説の世界観を味わっていた人たちに、劇場での体験がさらに刺激になると知ってもらえた作品。リピーターも多く、最終上映を惜しむ声も多数。

完成前から監督と上映を約束した作品

©大橋裕之/ロックンロール・マウンテン/Tip Top

『音楽』

岩井澤健治監督×大橋裕之原作。個人制作で7年超かけた、長編アニメーション作品。上映を約束した、監督と劇場との関係性がお客さんにも伝わった、とても思い入れのある作品。

手書きのポスターが味のあるチケットカウンター。整理番号順に入場し、好きな席に座るスタイルとなっている

副支配人 坪井篤史さん

INTERVIEW

――シネマスコーレはラテン語で「映画学校」を意味していますが、ここではミニシアターのどんな楽しさを知ることができますか？

「劇場作りの裏テーマとして、『初心者向けのミニシアターを作る』ことを大事にしています。席数は少ないですが、その小さなスペースでみんなで映画を観るというシネコンとは違った映画体験ができる。さらにスコーレの特徴であり、得意としている、作品の作り手と観る側との距離を縮めるイベントを積極的に行うことで、お客さんにこの劇場で映画を観たんだ、という記憶を残すことができると思うんです」

――ミニシアター独自の空気感は、どう楽しんだらいいでしょうか？

「最初こそ心構えがいるかもしれませんが、スコーレはいつもウェルカムな気持ちやゆるさがあります。一見さんお断りみたいな空気はどのミニシアターにもありますが、それは決して間違いではない。ミニシアターを守ってきたのは映画好きな常連さんがいたからこそ。でも、そういう壁を破れるのもスコーレだと思います。まずは食前酒代わりにスコーレでの劇場体験を試してもらえたら(笑)。一度足を運ぶと、中毒性のある劇場だとわかってもらえると思います」

――配信やレンタルではなく、映画館で、スコーレで観る映画の楽しさはどこにありますか？

「作家性の強い作品をスマホやテレビなど小さな空間で観てしまうと、作品のパワーが弱くなる。映画がおもしろいという記憶にはなっても、映画を観たという記憶にならない。ミニシアターに足を運び、お金を支払い、チケットを買って、好きな席を選んで映画を観る。さらにそこにイベントが加わり、監督や役者の話を直接聞くことができる。それだけで強度の体験になる。もちろんスコーレで観た時には、さらなる超強烈なお祭り騒ぎをお見せしますよ！」

ここは中毒者が生まれやすい劇場なんです！

“舞台好き”を映画館に連れてきてくれた

©DirectorsBox

『タイトル、拒絶』

セックスワーカーの女性たちを描いた群像劇で、同名舞台の演出家が映画化。役者ファンだけでなく、舞台ファンをミニシアターに連れてきてくれる映画があるなんて、と驚かされたそう。

“映画が伝染する”ことを再確認

©WACK INC

『IDOL-あゝ無情-』

アイドル事務所「WACK」のオーディション合宿の模様を収めたドキュメンタリー。再上映のたび、新しいアイドルファンが劇場に来てくれたという。劇場ファンが増えるきっかけになった一作。

名物の手描きポスターは監督たちへのラブレター

ポスターを制作した大浦奈都子さんのこだわり解説付き♪

支援Tシャツを作ってくれた岩井澤監督による久々の来館イベント。思い切って筆ペンで描き、迫力を出しました

色画用紙は高いのでなかなか使いません。ゾンビなので特別です

一目で『野火』とわかるような色使いを意識しています

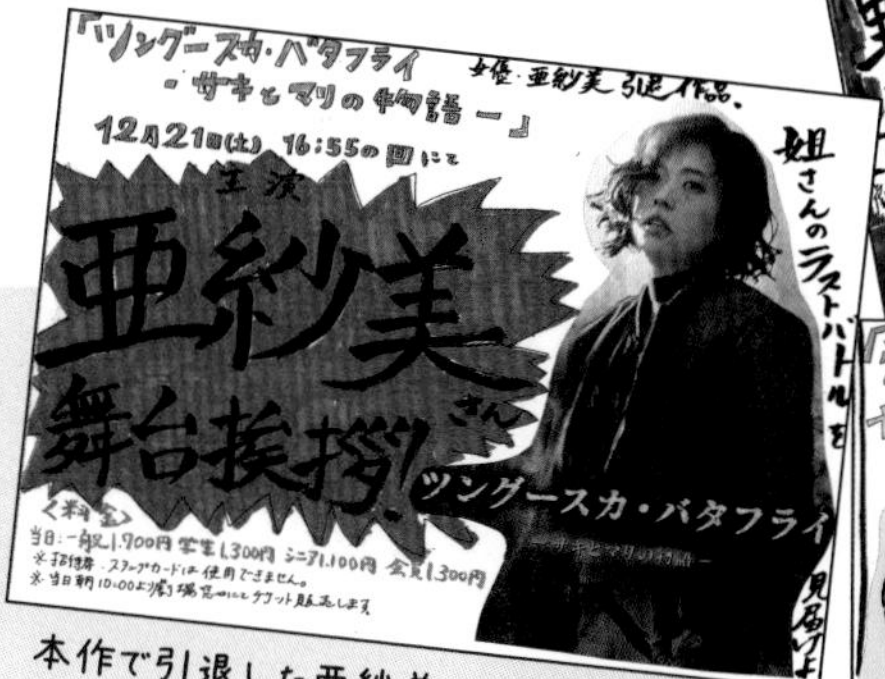

本作で引退した亜紗美さんに拍手を送る気持ちで描きました

白石晃士監督の似顔絵は何度も描いています。今回はポップです♪

シネマスコーレの名物のひとつに、手描きポスターがある。スタッフがオススメの作品紹介やイベント告知を手描きしたもので、劇場の壁面にズラリと並んでいる。どれも作品の魅力を訴える力が強く、道行く人はつい足を止めてしまう。副支配人の坪井さんは「ただでさえガヤガヤとした劇場なのに、さらに壁に色んなものを貼るから、ある種の気持ち悪さもある。情報過多な感じに、つい写真を撮っていく人も多い。何かなと気になって劇場にこのチラシはありますか？と尋ねてくる人もいるほど」と語るが、今ではスタッフに継がれる劇場の伝統、そしてスコーレならではの宣伝方法となっている。

手描きポスターは、イベントで劇場に訪れた監督や役者にとってはうれしいサプライズや応援になり、観客にとっても自分が好きな作品を劇場も応援してくれているといううれしさに繋がる。SNSではできない、生身のアート。ぜひチェックを。

シネマスコーレ 周辺おでかけスポット

シネマスコーレから
徒歩17分

コーヒーハウス かこ 花車本店

こーひーはうす かこ はなぐるまほんてん

愛知県名古屋市中村区名駅5-16-17　地下鉄国際センター駅3番出口から徒歩3分　052-586-0239　7時～18時30分LO（土・日曜、祝日は～16時30分LO）　休 無休

一日のはじまりを彩る 華やかなモーニング

木のぬくもりが感じられる店舗

1 シャンティールージュスペシャル 650円。11時まではドリンク代＋350円で提供　2 手作りのコンフィチュールも購入できる　3 スタッフとの会話も楽しいカウンターが特等席だ

創業は昭和47年（1972）。自家焙煎コーヒーをいち早く導入し、名古屋の喫茶文化を牽引してきた老舗の名物は、バタートーストにあんこと生クリーム、コンフィチュールを重ねたカラフルな小倉トースト。あんことコンフィチュールは自家製と、材料にもこだわりが光る。7時開店なので、ゆっくりとモーニングを味わって、朝の上映へでかけるのもオススメだ。イタリア製のシャンデリアやステンドグラスなどに囲まれた空間で、一日のスタートを切ってみては？

芳香な焙煎コーヒーと本と過ごす至福の時間

シネマスコーレから徒歩19分

■1バナナをたっぷり使うバナナケーキ350円、コーヒー400円〜　■2幅広いジャンルの本はすべてオーナーの蔵書。販売もしている　■3レトロな看板が印象的

コーヒーと本とレコードの店 リトルトリー

こーひーとほんとれこーどのみせ りとるとりー

愛知県名古屋市西区則武新町2-7-3　地下鉄亀島駅から徒歩10分　052-462-9250　7時30分〜11時30分、13〜17時(土曜は9〜17時、日曜は9〜15時)　休 火・水曜

壁一面を埋め尽くす多種多彩な本と心地良いBGM、自家焙煎コーヒーが楽しめるカフェ。小型焙煎機で丁寧に焙煎する豆は、深煎りから浅煎りまで種類も豊富で鮮度も抜群。香りも深くコクがあり、手作りのケーキやモーニングにもよく合う。古材を中心にリノベされた店内は温もりがあり、つい長居をしたくなる居心地のよさだ。

熱々の鉄板で味わう名物のあんかけスパ

シネマスコーレから徒歩4分

劇場スタッフのオススメ★

野菜炒めやハム、ウインナー、ベーコンがたっぷり入るデラカンはボリューム満点！

シェフ

しぇふ

愛知県名古屋市中村区則武2-15-9　JR名古屋駅太閤通口から徒歩8分　052-453-1755　11時〜20時30分LO　休 月曜、第3火曜

あんかけスパを中心に、豊富なスパゲティメニューが楽しめるお店。あんは野菜をじっくりと煮込み、オーブンで約2日焼いた後に1〜2日寝かせてなめらかに仕上げたオリジナル。スパイス感と野菜のコクが深く混じり合い、濃厚で太麺にもよく絡んで美味。シンプルなケチャップソースで炒めるイタリアンもファンが多い一品だ。

■1人気のデラカンB(鉄板)880円　■2自家製カニクリームコロッケなどが付くシーフードイタリアン1050円

映画の余韻と楽しむ

シネマスコーレ周辺MAP

映画の余韻と楽しむ〈愛知・名古屋〉街歩きスポットをご紹介

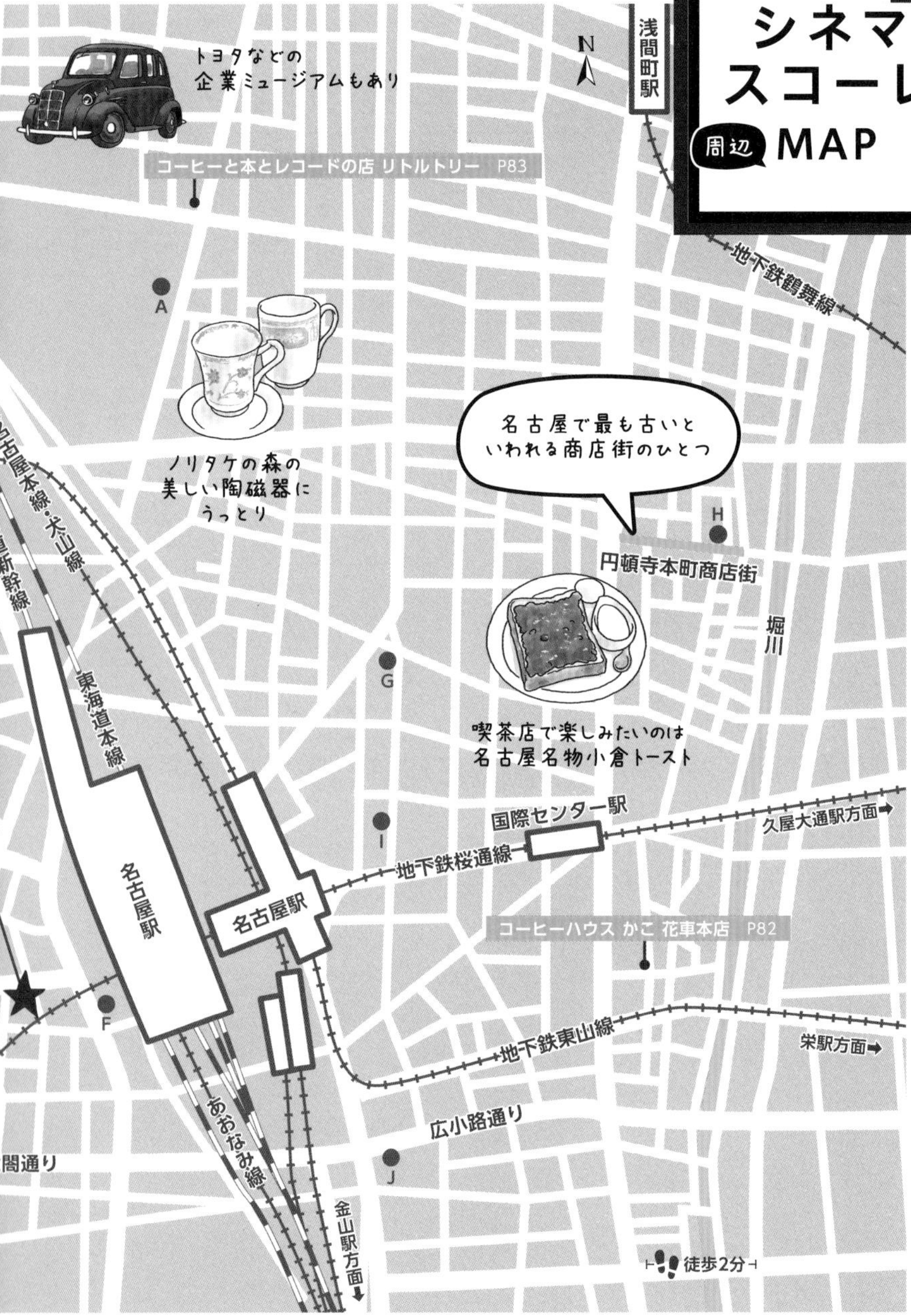

名物グルメがたくさんある名古屋。ボリューム満点でお得なモーニングの有名店も多く、朝の上映が始まる前に腹ごしらえするのもオススメ。

Recommended Spot

A　ノリタケの森(のりたけのもり)
陶磁器のミュージアム。工場見学のほか食事もできる

B　朝日屋(あさひや)
名古屋でも珍しい、焼き太きしめんを提供して話題に

C　喫茶モーニング(きっさもーにんぐ)
カレーやケーキなどの変わり種モーニングが一日中登場

D　ゴルカ(ごるか)
ネパールインドカレーのお店。バターチキンカレーがオススメ

E　平和園(へいわえん)
昔ながらの中華料理店。シネマスコーレの打ち上げも多数

F　山本屋本店 エスカ店(やまもとやほんてん えすかてん)
120年以上続くなごやめしの老舗。味噌煮込みうどんはマスト

G　ハセ珈琲店(はせこーひーてん)
古き良き喫茶店文化が凝縮。小倉トーストはボリューム満点

H　肉の丸小(にくのまるこ)
名物はコロッケ。週末になると行列ができる人気の味

I　ココン 名駅店(ここん めいえきてん)
居心地の良いバー。お酒とおつまみと創作そうめんが楽しめる

J　モーニング喫茶 リヨン(もーにんぐきっさ りよん)
ドリンクにプレスサンドが付くモーニングを終日提供

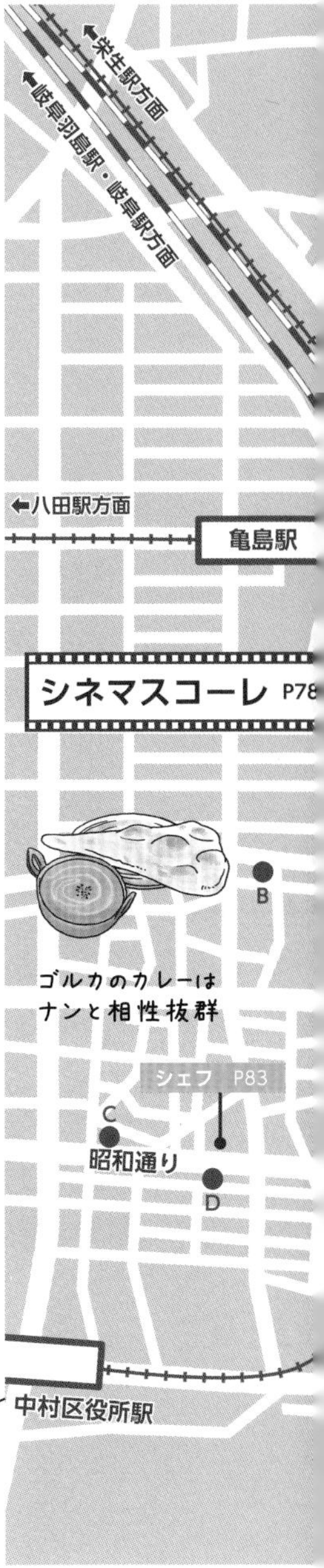

MINI THEATER
09

京都・東寺

京都みなみ会館

スタッフたちのチームワークが光る

京都駅隣の近鉄東寺駅から徒歩１分。いわゆる有名どころの観光地から外れた場所で、地元の人や大学の多い京都ならではの若者で賑わう京都みなみ会館。2019年の夏に、旧館からほど近い、国道１号線を挟んだ反対側に移転し再オープン。多種多様、ジャンルレスな作品のセレクトが光る。

京都府京都市南区西九条川原城町110　近鉄東寺駅から徒歩１分　075-661-3993　スクリーン1(126席)、スクリーン2(54席)、スクリーン3(30席)

『ロード・オブ・カオス』(18年)の
チラシを貼り付けた手描き看板も、
みなみ会館らしさを演出

豊富なジャンルをごちゃまぜに取り入れる多彩な劇場

旧館の老朽化に伴い、2019年の夏に移転し、3スクリーンの劇場として再始動した京都みなみ会館。京都駅の南側という、繁華街から離れた立地で、ジャンルレスな映画を多数上映し、こだわりの特集上映や他では思いつかないようなオールナイト上映が評判を呼んでいる劇場だ。特に、カルト的な人気の高いホラー映画や怪獣・特撮映画、国内外の巨匠とよばれる監督のレアな作品や特集上映など、ここでしか観られない作品が観られる劇場として存在感を放っている。

一時は、ロードショー上映に力を入れていたこともあったが、現館長の吉田由利香さんがイベント上映を復活させた。その理由を聞いてみると、「この劇場は、お客様それぞれが異なる印象を持っていて、良い意味で色がついていない、"ごちゃまぜ"なイメージだと思うんです。その期待に応え、作品の多様性を維持するためには、自分たちで企画を作らなければいけないと考えました」と吉田館長。移転前の1スクリーンだった頃には、それでも年間300本以上もの作品を上映していたこともあったが、移転し、スクリーン数が増えたことでさらなる充実に繋がった。吉田館長によると、「今までは1日に1回、2週間限定でしか上映できなかった作品もたくさんありましたが、今では、公開初週は3回上映して、最低3週間は上映するなど、作品1本1本に向き合って上映できていると思います。昼の時間帯にイベントをすることもできて、ラインナップの幅が広がったと感じています」とのこと。

オリジナリティあふれる企画を次々に生み出すことができるのは、それぞれ異なる分野に詳しいスタッフから自由に企画を募集することで、偏りのない編成を組むことができているからだ。「私ひとりで考えていたら、私の好きな映画しか並びませんが、スタッフから企画を募集すると、私が思いつかない、まさかと思うようなアイデアが出てきて、その企画がお客様に喜んでもらえると、スタッフにも活気が出てくるんです」と館長はうれしそうに語る。

劇場オリジナルTシャツも販売中

移転前の旧館で一番のヒット作

『きっと、うまくいく』

日本でのインド映画人気に火をつけた記念碑的なコメディ映画。上映時間が3時間と長いことからミニシアターでの上映となるも、大ヒットを受けシネコンでも上映するという前代未聞の事態に。

Blu-ray＆DVD発売中　DVD：4,620円 Blu-ray：5,720円
発売元：株式会社ハピネットファントム・スタジオ　販売元：株式会社ハピネット・メディアマーケティング

予約開始時にアクセス集中でサーバーダウン

『黄色い涙』

『ジョゼと虎と魚たち』の犬童一心監督が、東京五輪前年の1963年の東京を舞台に、嵐の5人主演で描いた青春映画。公開以来初となる再上映に注目が集まり、予約開始時にはサーバーがダウンするほど。

ジェイ・ストームよりBlu-ray＆DVD発売中
Blu-ray・DVD通常版：各4,620円

館長 吉田由利香さん

INTERVIEW

座り心地の良いシートに座って、
スクリーンで観る映画は格別。
お気に入りの場所を探してみて

――「京都みなみ会館」で働き始めるきっかけは何だったのでしょうか？

「私は、芸大の映像学部出身なのですが、大学の卒業間際に、就職活動もせずフラフラしていたら、たまたま母校の研究室から京都みなみ会館が4月から働ける人を探しているという連絡をもらって、働くことになりました。学生時代からオールナイト上映などに楽しく通っていましたが、まさか働くことになるとは思っていなかったです（笑）」

――24歳という若さで館長になられた経緯、実際になってみて思うことを教えてください。

「数年働いた頃に前任の館長が辞めることになって、社員の中では私が一番下だったんですが『やってみましょうか？』と手を挙げて、館長を務めることになりました。先輩方は、館長職がどれだけ大変なのかわかっていたんだと思いますが、私はまだ24歳で若かったので無鉄砲だったんだと思います。今だったら絶対にやらないですね（笑）。館長になって、特に前半は手探り状態でした。映画界に入って数年なので、右も左もわからず、怒られることもありましたが、少しずつ覚えていきました。今思うと、世間知らずで若かったから、色んなことにチャレンジできたんだと思います」

――オリジナリティあふれるユニークな特集や企画が多いですが、特に印象に残っているイベントはありますか？

「《カナザワ映画祭２０１８》という企画で、仕掛け上映をすることになって、骸骨に色を塗るなど、夜な夜な作業をしたことはすごく印象に残っています。外部の人の力もお借りしているからこそ、この劇場のラインナップを多彩にできていると感じていますし、毎回楽しいですね」

監督や俳優らのサインが書かれた旧館の扉

シネコンでの上映後でも異例の大ヒット

『パターソン』

『スター・ウォーズ』シリーズのアダム・ドライバー扮するバス運転手のパターソンの日常をユーモラスに描く。『スモーク』などと本作を合わせたオールナイト上映にも大きな反響があったそう。

念願のロードショー上映で手ごたえ有り

『バンコクナイツ』

『サウダーヂ』などの映像制作集団「空族」の富田克也監督が、バンコクの歓楽街で働くタイ人娼婦と日本人の男らの姿を描いたロードムービー。初めて空族の作品をロードショーし、大盛況だったそう。

みなみ会館ならではの特集上映が人気！

京都みなみ会館といえば、多彩なラインナップと企画上映で知られているが、オールナイト上映のユニークなタイトルも魅力のひとつ。例えば、『パターソン』(16年)の公開に合わせて企画された《オーディナリーなライフにブリリアントな瞬間があるんだよナイト》。"なんてことない幸せは日常の中にある"という意味が込められているのだが、それをスタッフの誰かが「ルー大柴みたいなタイトルにしよう」と言って、その案が採用されたというからおもしろい。また、アトラクション的なおもしろさで人気を博した《カナザワ映画祭2018》では、上映中に手作りの骸骨を客席に飛ばしたり、幽霊が画面から飛び出したり、スタッフが手作業で椅子を揺り動かしたりする、手作りの4DX風上映を実施。どの企画にも、館長とスタッフの、観客を楽しませたいという思いが込められている。

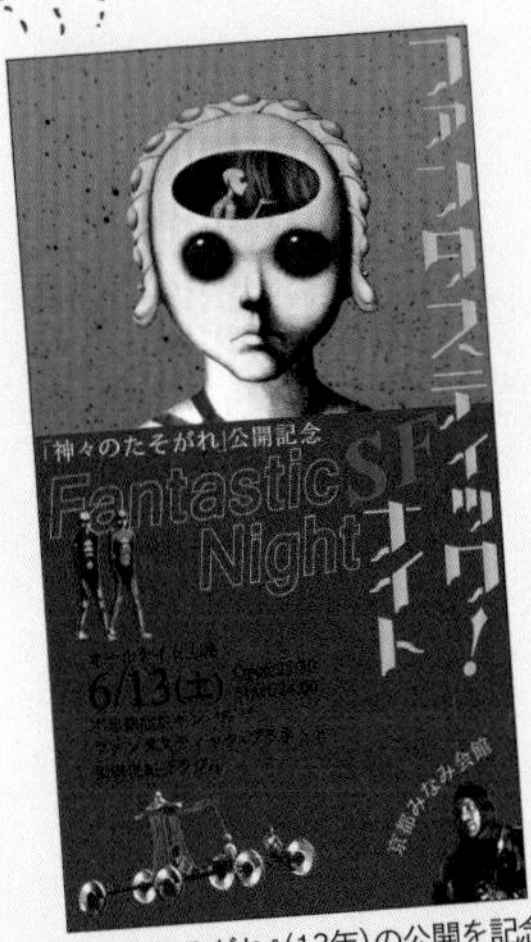

『神々のたそがれ』(13年)の公開を記念したオールナイト上映。ソ連繋がりの『不思議惑星キン・ザ・ザ』(86年)など、ファンタスティック！という言葉でしか語れないユニークな作品が並ぶ。

1950～60年代に、奇抜なアイデアで話題を呼んだ映画プロデューサー、ウィリアム・キャッスルを特集。上映中の客席に骸骨を飛ばすなどの仕掛けを再現。

移転前最後の特集上映。爆音上映で有名なboid協力の元、『パターソン』や『AKIRA』(88年)など、京都みなみ会館らしいラインナップが揃った。

\ これまでに開催された /

特集上映

- アリスメンタルジャーニーナイト(オールナイト上映)
- それぞれのふたりナイト(オールナイト上映)
- ファンタスティック！SFナイト (オールナイト上映)
- 超大怪獣大特撮大全集(特集上映) など

京都みなみ会館 周辺おでかけスポット

映画鑑賞前後に コーヒーやワインで一服を

京都みなみ会館から徒歩1分

喫茶Cizool

きっさきずーる

京都府京都市南区西九条川原城町5　近鉄東寺駅から徒歩3分
075-286-7940　9～15時　休 日曜、祝日

祖父が営んだ純喫茶の跡を継ぎ、内装や店名もガラリと変え、朝からワインが楽しめるカフェに新装オープン。サイフォンやコーヒーカップは昔のままに、ソムリエの資格を持つマスター厳選のワインやボリューム満点のモーニング、軽食が楽しめる。マスターは映画好きで、店名は好きな映画に出てくるセリフから取るほど。京都みなみ会館から徒歩すぐの場所にあるので、映画鑑賞前後にぜひ。マスターとの映画談義も楽しめそう。

1コーヒーはサイフォンで1杯ずつ丁寧に　2ナポリタンスパゲッティセット1180円（ワイン＋350円）　3五重塔のほど近く。奥に細く続く店内はカウンターのみ10席

コワーケーションスペース九条湯

こわーけーしょんすぺーすくじょうゆ

京都みなみ会館から徒歩16分

**地元で愛される銭湯が
コミュニティの場として再生**

廃業した銭湯を改装してコワーケーションスペースに。番台や浴槽など当時の面影が残る空間には、仕事をする人、ワークショップに参加する人、カフェやバーでくつろぐ人など、目的の違うさまざまな人が集まる。週末はライブやマルシェなどの交流イベントも開催。人々を繋ぐコミュニティの場となっている。

2

1

京都府京都市南区東九条中御霊町65　地下鉄九条駅3番出口から徒歩5分　なし　10〜21時（バー営業は17〜23時）　休 不定休

1 銭湯だった頃の面影が残る内観　2 フリーマーケット、ギャラリー、1日カフェなどさまざまなイベントを開催

**おひとり様も大歓迎
メニュー豊富な居酒屋**

2

東寺のかえる

とうじのかえる

京都みなみ会館から徒歩3分

京都府京都市南区西九条島町48 ラフォルム東寺101
近鉄東寺駅から徒歩2分　050-3748-1270
17時〜翌1時（24時30分LO）　休 不定休

本格タイカレーから揚げたて天ぷら、ステーキと多彩な料理が楽しめる居酒屋。カレーは日本人の口にも合うイエローカレーで、甘みと辛みのバランスがいいと評判に。炙り肉寿司や牛すじのどて煮には牧場直買の近江牛を使うなど素材にこだわった料理も多く、ちょい飲みからカレーだけの食事も大歓迎と、使い勝手の良さもうれしい。

1

1 店は駅前すぐ　2 東寺のかえるのタイカレー770円、デミグラスソースのポテトサラダ539円、電気ブラン539円

劇場スタッフのオススメ★

ゲストにお越しいただいた際や、同僚とよく利用しています。何を食べてもおいしいです！

映画の余韻と楽しむ

京都みなみ会館 周辺 MAP

閑静な住宅街が広がるエリアでありながら、京都駅まで徒歩圏内と利便性抜群。東寺や京都水族館など観光スポットも点在する。

Recommended Spot

A 美術館「えき」KYOTO(びじゅつかん えき きょうと)
駅直結でアクセス抜群。幅広いジャンルの展覧会を開催

B ミスターギョーザ(みすたーぎょーざ)
遠方からもファンが訪れる人気餃子店。売切れ次第閉店

C 御菓子司 東寺餅(おかしつかさ とうじもち)
名物・東寺餅はふわふわな餅の中に上品な甘みの餡がたっぷり

D はやし 東寺店(はやし とうじてん)
コスパ抜群の絶品ホルモン店。甘辛タレがやみつきに

E あらた
薄い生地にキャベツやそばを乗せた「あらたお好み」が名物

F hatoba cafe(はとば かふぇ)
開放的な店内は、カフェ営業の他に本やレコードの販売も

G 京町家 鴨しゃぶ 空(きょうまちや かもしゃぶ くう)
特製出汁でいただく「鴨しゃぶ」ほか、多彩な鴨料理が揃う

H ◯間-MA-(ま)
築100年の京町家で「お茶文化」を体験できる複合施設

I HOTEL SHE,KYOTO(ほてる しー きょうと)
アイスクリームショップ併設のフォトジェニックなホテル

J 京都醸造株式会社(きょうとじょうぞうかぶしきがいしゃ)
工場併設のタップルームで新鮮なクラフトビールを味わえる

MINI THEATER 10

京都・出町柳

日常に溶けこむ憩いの場

出町座

京阪出町柳駅から、鴨川デルタに架かる橋を渡り、老舗の名店出町ふたばのすぐ傍にある出町桝形商店街に入って少し歩くと目に飛び込んでくる看板と映画のポスターの数々。1階には書店とカフェ、2階と地下に劇場のある文化複合施設出町座に行けば、きっと新しい何かと出合えるはず。

京都府京都市上京区三芳町133　各線出町柳駅京阪5番出口から徒歩5分　075-203-9862

B1F(42席)、2F(48席)

まるで、別世界へ入り込んでいくような
感覚を味わいながら、階段を下りて劇場の中へ。
壁にもポスターが

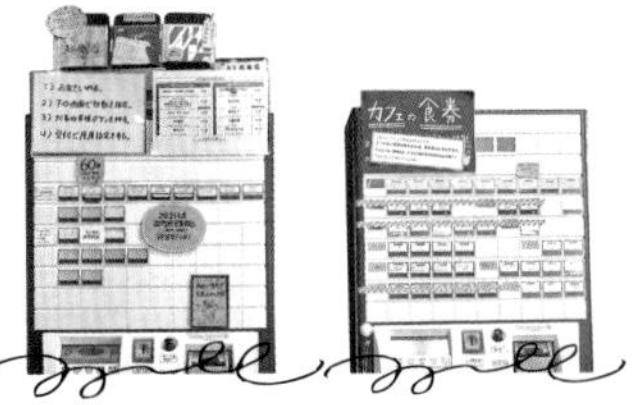

券売機でチケットを
買い、受付で座席指定を

カフェと書店が併設された新しい何かを発見できる劇場

映画の上映だけでなく、ゲストを呼んでのトークイベントやライブ、講義など映画から波及したイベントなどで人気を呼んでいたが、惜しまれつつも２０１７年７月末に事業を終了した立誠シネマ。その意志を継ぎ、世界遺産である下鴨神社からすぐ近く、京都の出町桝形商店街内に、カフェと書店、２スクリーンの劇場を併設した文化複合施設出町座を２０１７年末にオープンした。電車やバスなどの交通機関でアクセスしやすい場所であることや、他の劇場の商圏に干渉しないかどうかなどを考慮して場所を選び、元薬局だった建物をリノベーションして作られている。

「カフェやバーが併設されていることが当たり前の海外の劇場を参考に、地域の人々の日常に受け入れてもらえる場所を目指して作りました。映画を観に行く時は、他のこともするために出掛けていると思うんです。その何か、例えばカフェや書店がより近くにある方が、連携もできて、相乗効果が生まれると考えました。また、商店街の中にあるので、人と人との距離が近いこともプラスになっていると思います」と、複合施設にした理由を語ってくれたのは座長の田中誠一さん。その相乗効果によって、日常的に行き来する人が気軽に入ってこられる空間になっているようだ。また、出町座には俗にいう劇場のロビーとよばれるような場所がなく、カフェや書店だけでも入りやすいようになっているのも、ここがコミュニケーションの場として親しまれている理由なのではないだろうか。さらに田中さんは「ここに来れば、今まで知らなかったものを発見できるような、そういう場所になってほしい」と続けた。

出町座をオープンする際には、クラウドファンディングを実施し、９００万円以上もの金額が集まったのだが、それもお客さんとのコミュニケーションのひとつだったと田中さんは話す。「ここが新しくできることに期待してくださった方がそれだけたくさんいらっしゃったこと、そしてリアルな声に勇気付けられましたし、自信になりました」

出町座オリジナルの
トートバッグなども販売

連日満席が続き、ナイトショーも実施

『愛がなんだ』

角田光代の同名小説を、岸井ゆきのと成田凌共演で映画化したラブ・ストーリー。少し遅れての公開にも関わらず連日満席が続き、１週間限定で深夜のナイトショーを行うほどの反響が。

Blu-ray＆DVD発売中　DVD：4,180円 Blu-ray[特装限定版]：6,380円
監督：今泉力哉　発売・販売元：バンダイナムコアーツ
※DVDレンタル中 ※デジタルセル版も配信中(本編のみ)

鑑賞を兼ねてファンが商店街へ

『たまこラブストーリー』

出町桝形商店街を舞台にした、京都アニメーション制作のアニメ。商店街にある餅屋の娘、北白川たまこと周囲の人々の物語を描く。今でもファンが商店街を訪れる姿を見かけるそう。

Blu-ray＆DVD発売中　DVD：7,260円 Blu-ray：8,140円
販売元：ポニーキャニオン

オリジナルメニューも並ぶ 居心地の良いカフェ

出町座のソコ　でまちざのそこ

出町座1階　出町座に準ずる

カウンターのみ8席のカフェ。劇場に持ち込むことも、テイクアウトも可能なドリンクとフード、劇場持ち込み向けのオードブルが揃う。ドリンク付きでボリュームたっぷりの人気メニュー「日替わりごはん」は、なくなり次第終了。出町座で上映中の作品とのコラボメニューを販売していることもあるそう。

メンチカツとキャベツの相性は抜群！ メンチカツサンド 900円

甘すぎなくて◎。プレミアムポップコーンキャラメル 500円

劇場内にも持ち込めるのはもちろん、テイクアウトもできる

劇場併設の カフェ＆書店でほっと一息

知的好奇心を刺激する さまざまな本に目移り必至

CAVA BOOKS さゔぁ ぶっくす

出町座1階　Ⓛ㊡ 出町座に準ずる

出町座立ち上げ前からプロジェクトに参加していたＣＡＶＡ ＢＯＯＫＳ（サヴァ ブックス）のオーナー、宮迫憲彦さん。当初は、オールジャンルが厳選された小さな総合書店を目指していたが、今は一般書と専門書の間の人文系の本が中心に。劇場に併設されているだけに、上映中の作品に関する本が軸となった、映画関連本の充実度は抜群。

オリジナルブックカバーは、京都在住の人気ユニット tupera tuperaのデザイン！

出町座 周辺おでかけスポット

テイクアウトして近くの
鴨川デルタや京都御所で
ピクニックしよう♪

出町座から
徒歩4分

GRAND BURGER

ぐらんどばーがー

🏠 京都府京都市上京区真如堂前町107 ルネット御所1階 📍 各線出町柳駅京阪1番出口から徒歩7分 📞 075-256-7317 🕒 11時～21時30分（20時30分LO） 休 日曜、第3月曜

寺町今出川にあるハンバーガーカフェ。こだわりの食材をシンプルに調理した、できたてアツアツのバーガーを提供している。2種類のチーズ、完熟アボカド、厚切ベーコンの入った極上の「グランドバーガー」にフライドポテトとサラダが付いた「グランドバーガーセット」は看板メニュー。テイクアウトできるので、ピクニックのお供にオススメ。

1一番人気のグランドバーガーセット1380円
23店内はカウンター8席、テーブル席12席

1

絶品バーガー片手に鴨川デルタへ

3

2

素材の風味を楽しめる 手作り寒天が名物

出町座から
徒歩4分

みつばち

京都府京都市上京区梶井町448-60　各線出町柳駅京阪1番出口から徒歩5分　075-213-2144　11～18時　休 日･月曜

1白玉あんみつ650円は特製黒蜜をかけてどうぞ　2店内はアットホームな雰囲気　3特製あんず氷900円（左）と黒みつきなこ氷800円（右）（いずれも夏限定）

名物のあんみつをはじめ、ぜんざい、豆かんなどを味わえる甘味処。千葉県産の天草、波照間産の黒糖など、こだわり食材を使用した寒天は、ぷるんとハリのある食感とほのかな磯の香りがたまらない一品。あんみつに使う杏の蜜をたっぷりとかけたあんず氷は夏限定で登場。時間をかけて丁寧に作られる甘味を求めて、わざわざ訪れたい名店だ。

京都に来たなら 京野菜ランチを召し上がれ

1町家を改装した店舗。夜は会席が味わえる　2月に2回献立が替わる、お昼のろろろ弁当1320円

出町座から
徒歩1分

出町ろろろ

でまちろろろ

京都府京都市上京区一真町67-1
各線出町柳駅京阪5番出口から徒歩10分
075-213-2772　11時30分～16時（金･土･日曜は11時30分～13時30分LO、18時～20時30分LO）※売り切れ次第終了
休 第2･4日曜、毎週月曜

京都・大原の無農薬野菜を中心に使った小さな和食店。昼限定の二段弁当「ろろろ弁当」は、一段目に野菜を使った小さなおかずが8種類。二段目に土鍋で炊いたごはん、あんかけ出汁巻、かき揚げ、おみそ汁が付く。昼は15席、夜はカウンターのみ9席と、座席数が少ないので予約がオススメ（営業時間外に電話にて受付）。

映画の余韻と楽しむ

出町座 周辺MAP

「学生の街」としても知られる出町柳エリア。
にぎやかな桝形商店街を歩いたり、鴨川デルタで
のんびりしたり…思い思いに楽しんで。

Recommended Spot

A 中国菜 燕燕(ちゅうごくさい えんえん)
本格中華を気楽に楽しめる人気店。中国茶も種類豊富

B 司津屋(しづや)
出汁がおいしい蕎麦屋。玄関ではペッパーくんがお出迎え

C S.O.U./Violet and Claire(そう ゔぁいおれっと あんど くれあ)
レコードを齧る女の子のイラストが目印の隠れ家カフェ

D 出町ふたば(でまちふたば)
「名代豆餅」は京都みやげの定番。売り切れ必至なのでお早めに

E COFFEE HOUSE maki(こーひーはうす まき)
地元で愛される喫茶店。パンの器に入ったモーニングが名物

F 福到 台湾茶(ふーだお たいわんちゃ)
昨年オープンの台湾茶館。手作りの台湾スイーツも

G おむらはうす 出町柳店(おむらはうす でまちやなぎてん)
創作オムライスを豊富にラインナップ。ふわふわ玉子が◎

H 阿闍梨餅本舗満月 本店
(あじゃりもちほんぽまんげつ ほんてん)
京都土産の定番「阿闍梨餅」。本店ではできたてが食べられる

I 古家具 やっほ(ふるかぐ やっほ)
日々の暮らしを楽しくする日本の古道具、古家具を扱う

J 下鴨神社(しもがもじんじゃ)
京都最古の神社のひとつ。縁結び、安産など多彩なご利益が

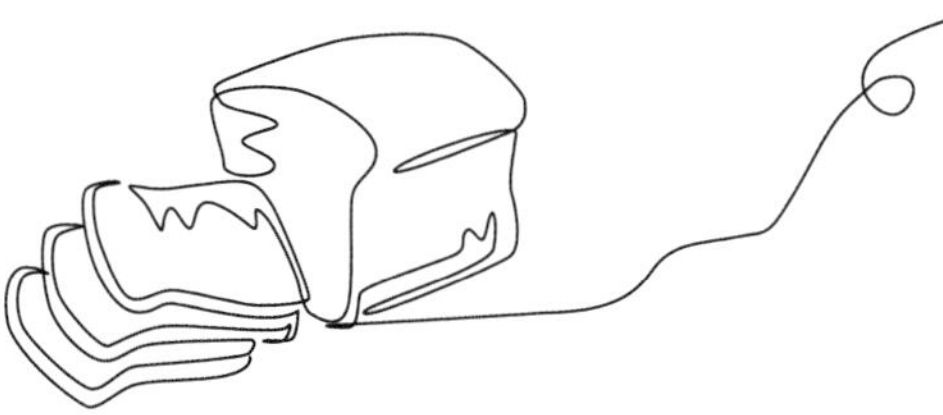

MINI THEATER

11

大阪・九条

フィルムの音と光が懐かしい

シネ・ヌーヴォ

カタカタカタ…と、フィルムと映写機が動き出す音。後方の映写室からスクリーンに放射する光。シネ・ヌーヴォで作品を観るその瞬間は、いろんな現実を忘れさせてくれる。まさに映画の醍醐味がたっぷり詰まった劇場である。心から映画が好きな人ばかりが集まる、この場所。そこにはデジタルにはない味わいがある。

大阪府大阪市西区九条1-20-24　各線九条駅地下鉄6号出口、阪神2番出口から徒歩3分　06-6582-1416　シネ・ヌーヴォ(69席)、シネ・ヌーヴォX(24席)

維新派が作った門構え。
劇場看板の前で写真を撮る映画ファンも数多い。
入口前には映画のチラシも多数設置

維新派が手がけた装いに包まれ映画を堪能する

太平洋戦争前は〝西の心斎橋〟とよばれるほど文化的に賑わい、現在は下町風情を残す街として知られる九条。名物のナインモール九条商店街からすこし外れたところで、シネ・ヌーヴォは営業をしている。

代表を務める景山理さんは1975年より自主上映グループ「シネマ・ダール」を主宰。1984年からは「映画新聞」も発行し、多種多様な映画を取り上げるなど、日本のミニシアター界ではおなじみの人。1997年、そんな景山代表らが中心となって、映画ファンから出資を受けて同劇場は誕生。全国に読者を抱えていた映画新聞が大きな説得力となり、「良い映画を良い環境の映画館で観ませんか?」という趣旨に賛同者が続出した。1999年に映画新聞は休刊したがその名残はシネ・ヌーヴォの会員向けに隔月送付される上映スケジュールに引き継がれている。同封される景山代表の手紙は文字でびっしり埋め尽くされ、時には裏面にまで文章が及ぶことも。「オススメ映画や劇場の声を、SNSだけではなく紙の発行物で知ってほしい」という劇場のこだわりがそこにはある。

シネ・ヌーヴォは画になる劇場でもある。内装と外装がとても味わい深い。手がけたのは日本の演劇史にその名を残す劇団・維新派。棟梁を務めた座長・松本雄吉さんは、非日常的な空間を意味する「水中映画館」をコンセプトに劇場を建設。玄関のブリキでできたバラのオブジェの造形物など、維新派によるアート作品としても、非常に価値が高いものとなっている。

薄暗い場内が非日常的な雰囲気を盛り立てる

また、大阪では第七藝術劇場(→P110)と並ぶ「若手の登竜門」でもあり、スター俳優たちがブレイク前に舞台挨拶などで来場。山崎紀子支配人は「『Life』(06年)の綾野剛さんが印象的。嘘みたいな不思議な雰囲気をまとった美しい俳優でした。数年後、テレビで観て『この人知っている!』と驚きました」と笑顔で振り返ってくれた。

ロビーの壁にはこれまで劇場を訪れた監督、俳優らのサインが所狭しと書かれている。ここに名前を書き連ねることが、映画人のひとつのステータスにもなっている。

カンヌで絶賛、「世界の河瀬」を印象付けた

『殯(もがり)の森』

カンヌ映画祭グランプリ受賞の河瀬直美監督作。主人公たちが生と死を見つめる物語。山崎支配人は「初期作を上映した監督が、その後活躍するのは劇場としても嬉しい」と喜ぶ。

DVD:5,170円

社会構造を描いた自主制作映画に

『サウダーヂ』

在日外国人らの姿を通して地方社会の構造を描き、世界中で絶賛。シネ・ヌーヴォでは、富田克也監督が所属する映像作家集団・空族の特集も夜通し開催し、オールナイト動員記録を更新。支配人も熱量に驚き。

支配人 山崎紀子さん

INTERVIEW

いくつかの劇場でアルバイトを経験し、シネ・ヌーヴォへ。08年より支配人。他劇場支配人とイベントも

——維新派が劇場建設に携わった経緯を教えてください。

「小川紳介監督の『1000年刻みの日時計 牧野村物語』（86年）のロードショー専用劇場、千年シアターに代表の景山が上映で携わり、同劇場の建設を担当したのが維新派だったんです。千年シアターは土とわらなど自然のもので作っていくという他にはない劇場だったんですが、座長の松本雄吉さんにとっては、映画館としての遮音性など気になることもあったそうです。そこで景山がシネ・ヌーヴォを始める時、松本雄吉さんに『内装と外装を手がけてほしい』とお願いしたと聞きました」

——シネ・ヌーヴォは新作と並んで古い作品のフィルム上映も行うなど、映画文化的にも重要な役割を担っていますね。

「映画を上映する場所としてだけではなく、最近は〝映画の学校〟という言い方をすることもあります。いつでも古い映画が観られる環境は守り続けたいです。有名な監督の作品だけではなく、映画の歴史に埋もれてしまいそうなプログラムピクチャーの監督の作品も取り上げたりして、『こんなにおもしろいものがあるんだ』と気付いてもらいたいんです」

——2020年に亡くなられた、映画評論の大御所・浅野潜さんの《浅野潜さんと日本映画を楽しむ会》も名物企画でした。

「潜さんが紹介する往年の名作を上映して、1時間弱のお話もしてもらう内容でした。撮影現場での取材体験談を昨日のことのようにお話してくださったり、映画の見方を教えていただいたり。映像ですべて記録しておくべきだったと、すごく悔やんでいます」

——山崎支配人自身、シネ・ヌーヴォで働くようになってから、古い映画への興味も深まったんじゃないですか。

「貪欲に観るようになり、映画の深みにはまっていきました。特にフィルムで作品を鑑賞できる機会は現在、全国でもほとんどありません。そんな中、ヌーヴォでフィルム上映を頻繁に実施できているのは、映写技師のがんばりが大きいです。ヌーヴォが続けていかなければいけないことだと考えています」

山崎支配人の記憶に残るヒット作

『ホテル・ルワンダ』

「ルワンダ虐殺を題材に、多くの人々を救ったホテルマンの実話を映画化した作品です。シリアスな内容のため日本では公開されず、署名運動で上映が決定。当館でも上映し爆発的ヒットになりました」

『鬼が来た！』

「第二次世界大戦下、日本兵と中国兵の交流を描いた作品です。カンヌ映画祭審査員特別グランプリを受賞し、ダウンタウンの松本人志さんが傑作と評したことで多くの方が劇場にお越しくださいました」

壁には、来場した監督、俳優らのサインがびっしり。超大物の名前もあるので、じっくり見てほしい

——だからこそ、往年の名優や監督の特集上映もフィルムでボリュームたっぷりに開催できるわけですね。そういった特集の反響は毎回、いかがですか。

「反響はかなり大きいです。高峰秀子さん、原節子さんの特集上映は、開催のたびにお客さんがすごく来ます。今年開催の《浪花の名女優 浪花千栄子》も、ドラマ『おちょやん』（21年）の影響もあって盛況でした。新聞で紹介された時は、ほかの仕事ができなくなるくらい、問い合わせの電話が鳴り続けました。そういえば上映日時の確認を電話でされる方が多いところも、ヌーヴォの特徴かもしれません」

——特集上映の際に販売する回数券もよく売れると聞きました。

「事務所のプリンターを使って3回券、5回券を手作りしています。ナンバリングもスタッフが手書きをしていて。こういうところも、ヌーヴォならではかなって思うんです。作品との距離、スタッフとの距離、それらを近くに感じられる劇場。きっとそんな部分が、映画の経験としてお客様のなかに残ると信じて今後もやっていきます」

シネ・ヌーヴォX

チャレンジ精神あふれる意欲作が楽しめる場

2006年8月、シネ・ヌーヴォの2階にできた24席のデジタル専門の上映スペース、シネ・ヌーヴォX。

当時、製作本数が一気に跳ねあがった日本映画界。シネ・ヌーヴォで上映を希望する作品本数も急激に増加したことから、従来のワンスクリーンだけでは対応しきれなくなった。その状況を打開するとともに、上映する作品により幅を持たせ、またインディペンデント映画の可能性をさらに探るため同劇場が生まれた。

上映作品は、若い制作者たちのチャレンジ精神あふれる映画を積極的にセレクト。シネ・ヌーヴォで大ヒットを記録しながら、次の上映作品の都合で終映しなければならない場合、ヌーヴォXが引き継いでロングラン上映することも。

一般向けのレンタルも行っており、自分が作った映像作品の上映会やワークショップなどにも利用できる。

特集上映も大人気！

『巨匠・小津安二郎の世界』

「日本を代表する映画監督・小津安二郎の生誕100年、110年、没後50年などの記念の年には必ず特集上映を開催しています。無声映画『生れてはみたけれど』（32年）、代表作『東京物語』（53年）、遺作『秋刀魚の味』（62年）など。観る年齢によって印象が変わる新鮮さもあります」

『浪花の映画大特集』

「大阪を舞台とした映画特集です。溝口健二監督のトーキー1作目『浪華悲歌』（36年）、織田作之助原作の映画化『夫婦善哉』（55年）など50本を上映。朝から鑑賞者がズラリと並ぶほど大盛況でした！」

「夫婦善哉」 DVD発売中 DVD：4,950円
発売・販売元：東宝

シネ・ヌーヴォ 周辺 おでかけスポット

下町・九条で愛される モチモチ生麺焼きそば

1

2

シネ・ヌーヴォから徒歩3分

チング

ちんぐ

大阪府大阪市西区九条1-14-16　各線九条駅地下鉄6番出口から徒歩1分　06-6582-9345　17～23時、土・日曜、祝日は12時～　休 月曜(祝日の場合は翌日)

鶴橋の有名お好み焼き店で修業をした店主が16年前に開店。以来、生麺を使用した名物焼きそばを求め、週末には行列ができる人気店に。劇場のゲストにも大好評という中太麺の焼きそばは、注文後に7～8分かけて茹でる麺のモチモチ食感がたまらない。ラードを使用せず、豚と牛の油かすのみで仕上げることで、麺とキャベツの甘みを引き立てている。さらにうま味をプラスできるテッチャンキムチネギのせ1250円もオススメだ。

劇場スタッフのオススメ★

大阪以外からゲストが来られた時によく行きます。焼きそば、セロリのキムチがオススメ

1さっと麺に絡めるソースは辛味と酸味が絶妙　2熟練のコテさばきで調理　3セロリのキムチ450円など鶴橋から仕入れる各種キムチも人気　4豚と牛の油かす焼きそば1100円

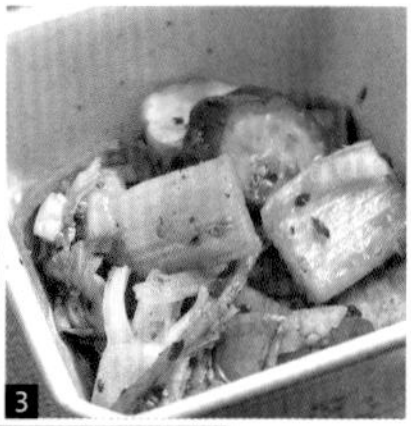

3

4

シネ・ヌーヴォから徒歩4分

映画サントラ専門店 RARE

えいがさんとらせんもんてん れあ

大阪府大阪市西区九条1-6-23 向井ビル202号 各線九条駅地下鉄6番出口から徒歩1分 06-6581-4105 12〜20時 休 月曜(祝日の場合は営業)

世界各国のサウンドトラックを中心に、LP・CD約8000枚を揃える専門店。ほとんどが廃盤や貴重盤のため、全国からマニアが訪れる。関西のミニシアターを巡る際に来店する映画ファンも多いとか。音楽のデジタル化が進む中、若い世代の間でも注目が高まっているアナログレコードやジャケットアートの魅力を再発見できる。

名盤に出合える！映画ファン垂涎の品揃え

2

1

1フランス映画「ガールズ」のLP2500円、ゾンビ映画の名作「サンゲリア」のLP8500円 2ネット販売や問い合せにも対応

シネ・ヌーヴォから徒歩5分

apina

あぴな

大阪府大阪市西区九条南2-16-36 各線九条駅阪神2番出口から徒歩4分 06-4395-5454 イベント開催時のみ 12〜18時(イベントにより変動) 休 不定休

作家の思いを大切に届ける小さなギャラリー

2

1

2016年にオープン。大きなビルに挟まれて建つ小さなギャラリースペース。ジャンルにとらわれず「作家の思いと作品を大切に届ける」ことをモットーに、こだわりの展覧会やイベントを不定期に開催している。ギャラリー内は木造で温かい雰囲気。ゆっくり作品を楽しめる配慮がなされ、展示方法にも工夫を凝らしている。

1小さいながらも空間を上手く活用したギャラリー内 2「小さなお家」をモチーフにした窓や、うさぎのロゴが目印

映画の余韻と楽しむ

シネ・ヌーヴォ 周辺 MAP

映画の余韻と楽しむ〈大阪・九条〉街歩きスポットをご紹介

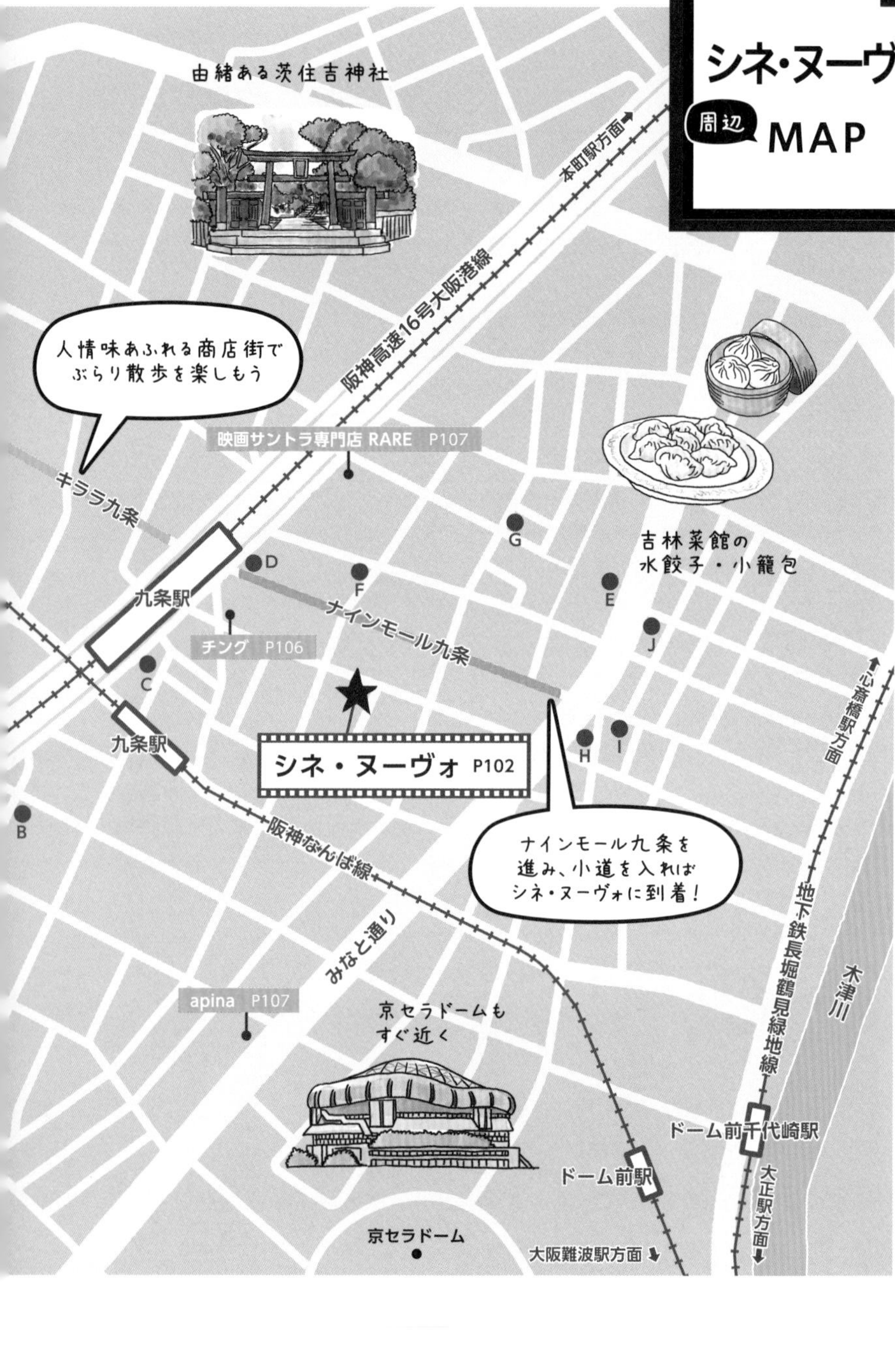

「ナインモール九条」「キララ九条」という
2つの商店街があり、下町情緒の残るエリア。
スパイスカレー激戦区としても有名。

Recommended Spot

A 山本製陶所(やまもとせいとうしょ)
古民家を改装した工房で陶芸体験ができる。コーヒーもおいしい

B カジュアルふれんちれすとらん・おおの
(かじゅあるふれんちれすとらん おおの)
アットホームながらも本格的なフレンチが楽しめると評判

C アアベルカレー(ああべるかれー)
開店前から行列ができるスパイスカレーの名店。平日のみ営業

D 立喰うどん・そば 大和庵(たちぐいうどん そば やまとあん)
安い・早い・うまいが魅力。やさしい味わいの出汁が◎

E 茨住吉神社(いばらすみよしじんじゃ)
息災延命・寿福、また安産・子宝の神様として信仰を集める

F サケトメシ(さけとめし)
本格的なスパイスカレーが人気。居酒屋メニューも充実!

G Asian kitchen cafe 百福(あじあん きっちん かふぇ ももふく)
ネパール料理やタイ料理を楽しめるアジア多国籍料理店

H いずみバーグ(いずみばーぐ)
スパイスたっぷりのカレーを多彩なトッピングと楽しめる

I 吉林菜館(きつりんさいかん)
九条の名物中華料理店。もちもち食感の水餃子がオススメ

J Fried Diner FUKADA(ふらいど だいなー ふかだ)
1976年創業のとんかつ店。創作カツメニューも豊富

MINI THEATER

12

大阪・十三

第七藝術劇場／シアターセブン

似て非なる2劇場が織りなすオリジナリティ

「大阪で上映するならナナゲイ」監督たちとの濃密関係

1993年の開館以降、「ナナゲイ」の通称で知られる第七藝術劇場は、2度の休館・再開を経た紆余曲折の劇場でもある。

また「ドキュメンタリーといえばナナゲイ」といわれるほど、ドキュメンタリー映画のラインナップが充実している点も特徴。番組編成を担当する小坂誠さんによると、「1日の全上映作がドキュメンタリーということも、しょっちゅう」とか。

「関西で上映するなら必ずナナゲイ」と監督らのリピート率が高い部分もポイントで、若松孝二監督は『キャタピラー』(10年)などを上映。劇場には2012年に亡くなった若松監督の壁画が描かれるほど、濃密な関係だった。想田和弘監督は『選挙』(06年)から一貫して、大阪ではナナゲイで自作を上映。コロナ禍での同監督の対応含め「感謝してもしきれない」と小坂さんは敬意を表す。

ナナゲイは、重厚な映画や作り手と出合える場所である。

劇場名の由来はイタリアの映画評論家、リッチョット・カニュードによる「映画が7番目の芸術」との言葉。安くてうまい飲食店の街で知られる十三で営業している第七藝術劇場は、まさに多彩なアート映画を数多く上映している。そのなかで、観る者の価値観を変えるような運命的な作品と出合うことも。

大阪府大阪市淀川区十三本町1-7-27 サンポードシティ6階　阪急十三駅西口から徒歩5分
06-6302-2073　93席

ズッシリとした扉、木製の椅子など
まさにアート感たっぷりの場内。
壁には公開作のポスターもズラリと並ぶ

未来の売れっ子が生まれる？劇場&イベントスペース

ナナゲイの姉妹館的な形で2011年、同じビルの5階にオープンしたシアターセブン。

インディーズ映画を中心に上映しているが、一方で大作や話題作の二番館としても機能している。シネコンで見逃した作品があれば、シアターセブンでの上映に期待する風潮が関西には流れている。一方で、学生が初めて撮ったような作品も受け入れるなど良い意味で雑食な劇場だ。

その雑食性の最たる例が、イベントスペースも併営している点だろう。お笑い、演劇、政治関連のイベント、音楽ライブなど、おもしろいと感じるものを貪欲に網羅。同劇場の出演者のなかには、おいでやすこが、ハリウッドザコシショウら全国的に活躍するタレントたちの名前も。人気芸人はじめ、さまざまなジャンルの人たちから親しまれている場所だ。もちろんそのなかには、まだ知られていない存在もいる。

多様性あふれる劇場ゆえ、通いつめれば、自分好みの演者や作品を発見できるかもしれない。

多種多様なイベントを開催している「BOX1」、映画上映に適した「BOX2」、小規模の講座向けの「BOX3」の3つのスペースからなる複合型劇場、シアターセブン。初めて映画上映に挑んだり、イベントを主催したりするにちょうどいいキャパ感。良い意味で敷居が低く、その点こそが大きな魅力である。

大阪府大阪市淀川区十三本町1-7-27 サンポードシティ5階　阪急十三駅西口から徒歩5分　06-4862-7733　BOX1(60席)、BOX2(36席)

さまざまなイベントを実施している
シアターセブンの「BOX1」。
段差もあってとても見やすい

シアターセブン支配人 菅野健太さん
第七藝術劇場支配人／両劇場番組編成担当 小坂誠さん

INTERVIEW

——両劇場の共通点は何でしょうか。

小坂「私がナナゲイとシアターセブンの両劇場の番組編成を担当しているところです。どちらもドキュメンタリーやインディーズの映画を多く上映していますが、特徴はちょっと違うと考えています」

菅野「雰囲気的にナナゲイは鉄の扉で、場内は絨毯が敷いてあって重厚。シアターセブンはアットホームさがありますね」

小坂「番組編成的には、ナナゲイは上映後のゲストトークの時間を大事にしています。普通はどの劇場も30分くらいですが、ナナゲイは１０５分やったことも。通常でも60分くらいやることが多いです」

菅野「つまり、上映作品1枠分をトークにあてるわけですね」

小坂「たとえばナナゲイで上映するドキュメンタリーって、鑑賞後『よし、明日からがんばろう』ではなく、『明日からヤバいんじゃないか』と、これまでの自分の生き方や日常に疑いを持つような作品ばかり。観た映画が違う世界の入口となり、ロングトークをまじえることで、その世界が広がっていくと思うんです」

菅野「一方でシアターセブンは、作り手が望めば1週間、2週間でも連日、舞台挨拶を実施してもらえるような小回りの利く劇場です。小規模な作品は宣伝費も少ないし、メディアでも取り上げられづらい。その分、熱意を持って上映に取り組む作品を劇場としては応援したいです」

——作り手自らがお客さんをかき集めるイメージですね。

小坂「シアターセブンは、映画を上映するスペースが通常36席でかなり小さい。でもそのキャパだからこそできることがあるんです。無名の学生監督の作品でも、菅野支配人が話すように熱意を持ってやれば満席にできる。シアターセブンで上映をやって自信をつければ、もっと大きなステージへステップアップできるかもしれません」

菅野「２０２０年11月からロングラン上映の『ひとくず』（19年）は毎日、時間帯問わず上映後に監督や出演者が舞台挨拶をやっています。全国的に大ヒットして、動員は2万

シアターセブン支配人。
優しい雰囲気だが
コアな映画やイベントが好き。
作り手に親身に寄り添ってくれる

菅野さん

対処法を万全にして上映に臨んだ

『主戦場』

日系アメリカ人監督が、慰安婦問題をめぐる論争とその裏側に迫るドキュメンタリー。『靖国 YASUKUNI』同様、リスクを抱えての上映だったが、問題が起きた際の対処法を万全にしていた配給会社と連携して公開。

公開中止が相次ぐなか果敢に上映

『靖国 YASUKUNI』

中国人監督が靖国神社に関する出来事を映して物議を醸したドキュメンタリー。全国で公開中止が相次ぐが、ナナゲイは圧力に屈さず上映。その裏で近隣へ事情説明に回るなど上映実現の努力を重ねた。

DVD発売中　DVD：4,950円　発売・販売：TOブックス

映画

人超え。インディーズ映画がコロナ禍でこれだけの人を集めるのは本当にすごい。熱意が人を動かす現実を、私たちは日々、目の当たりにしています」

小坂「両劇場の連携という点でいえば、ナナゲイで上映した映画の関連トークイベントをシアターセブンで開催することがあります」

菅野「シアターセブンは何かの受け皿でありたいんです。ナナゲイで硬派なドキュメンタリーを鑑賞して、シアターセブンで討論会に参加してもらうとか。何が正しいか、間違っているかではなく、劇場を発見の場所にしてもらいたいですね」

小坂「だからこそ、コロナ禍もあって舞台挨拶などゲストをお呼びするイベントがなかなかできないのが残念です。ただ、両劇場ともにリモートでの舞台挨拶の対応はかなり早かった。2020年の緊急事態宣言による休業が明けて、『精神0』(20年)の想田和弘監督、『止められるか、俺たちを』(18年)の白石和彌監督、俳優の井浦新さんに行っていただきました。もともと、シアターセブンのイベントがすべてリモート開催になっていたから、配信のノウハウが身についていた」

菅野「休館中にシアターセブンで配信イベントを開催していたんです。イベントは深刻な事態に陥っていて売上がゼロだった。とにかく、やるしかなかったので」

——現在のイベント状況はいかがですか。

小坂「シアターセブンのイベントスペースは、またいろんな方が借りてくださるようになりましたね」

菅野「おいでやすこがさんが、M-1出演後、最初の単独公演をシアターセブンで開いてくださったのは、本当にうれしかったです。大ブレイクしているところを見て、スタッフ全員がうれしい気持ちです」

小坂「両劇場はそうやってみなさんに支えられています。コロナ禍で厳しい状況ですが、何とかこの場所を守りたいです」

第七藝術劇場、シアターセブンの番組編成担当。コロナ禍の劇場の現状を発信し、メディアでも取り上げられている

小坂さん

勢い衰えずロングランが決定

©YUDAI UENISHI

『ひとくず』

家庭内での児童虐待を題材にしたヒューマンドラマ。事実を基にした本作は全国2万人動員を達成し、シアターセブンでは半年以上のロングラン上映が続く。涙なしには見られない感動作品。

震災時期には必ずスクリーンに

©2010NHK
DVD：4,620円

『その街のこども 劇場版』

兵庫県出身の森山未來、佐藤江梨子を主演に迎え、阪神・淡路大震災の記憶を抱えた男女の出会いを描く。シアターセブンでは毎年、震災の時期に上映。森山未來の舞台挨拶時は超満員のお客さんであふれかえった。

第七藝術劇場／シアターセブン

周辺 おでかけスポット

地元で愛される老舗布団店が
居酒屋として再出発

2

1

第七藝術劇場／シアターセブンから徒歩2分

大衆酒場ヒロタヤ2号

たいしゅうさかばひろたやにごう

大阪府大阪市淀川区十三本町1-9-17　阪急十三駅西口から徒歩3分　06-6829-6743　17時～翌2時30分LO（金曜は～翌3時LO）　休 無休

1 外はカリッと中はジューシーな名物のヒロタヤ餃子319円
2 畳と丸いちゃぶ台が昭和の香り漂う店内

昭和27年創業の布団店跡地にオープンした居酒屋。当時の面影が残る昭和レトロな店内と、布団店だったことにちなんだ「快眠応援メニュー」や「布団貸し出し」など、ユニークなサービスで話題に。メニューは名物の餃子をはじめ、麺類やデザートなど90種類以上。睡眠に良い料理で楽しくおいしく元気をチャージしよう。

第七藝術劇場／シアターセブンから徒歩3分

喜八洲総本舗 本店

きやすそうほんぽ ほんてん

大阪府大阪市淀川区十三本町1-4-2
阪急十三駅西口から徒歩1分
06-6301-0001　8～20時　休 無休

できたてがおいしい
十三駅前の名物団子

2

1

1 香ばしく炙った俵型のみたらし団子490円（5本）
2 お店は十三駅の改札を出てすぐ。歴史を感じさせる店構え

連日行列ができる昭和23年創業の老舗和菓子店。大阪みやげとしても知られる「みたらし団子」は、1日1万本売れることもあるという人気商品。細長い俵型が特徴で、たっぷりの甘辛いタレと焦げ目の苦みがやみつきになるおいしさ。注文してから目の前で焼き上げるため、アツアツのお団子片手に淀川沿いまでお散歩するのも◎。

毎月2週間だけ開店
アートと出合えるギャラリー

第七藝術劇場／シアターセブンから
徒歩21分

海月文庫アートスペース

くらげぶんこあーとすぺーす

大阪府大阪市淀川区木川東3-3-12
地下鉄西中島南方駅1番出口から徒歩7分
06-6308-5689　11～19時(作品展最終日は～17時)　休 不定休

ギャラリースペースで月に2回程度、現代作家による作品展をオープン。第七藝術劇場とのコラボ企画では、劇場のロビーにある「ナナゲイギャラリー」にて、作品展や古書の販売を実施。写真や絵画、彫刻など、日常生活の中で楽しめるものを中心にさまざまな作品を展示する。古本販売も行うが、取り扱いはインターネットのみ。

1作品展開催時のみオープン。店前の作品展の案内板が目印 2「ナナゲイギャラリー」での展示の様子

劇場スタッフのオススメ★

雰囲気のいい店内で、毎月期間限定のおもしろいギャラリーをされています

キュートな看板犬に
癒される駅前のオアシス

第七藝術劇場／シアターセブンから
徒歩4分

ワンアップ

わんあっぷ

大阪府大阪市淀川区十三本町1-2-12　阪急十三駅西口から徒歩1分　06-6300-1117　8～18時、月3回火曜は～15時　休 土・日曜、祝日

十三駅前で創業40年を迎える純喫茶。赤レンガの外観や、入口扉のベルなど昔ながらの雰囲気が漂う店内は居心地抜群で、劇場スタッフの打ち合わせ場所としても重宝されているとか。店主・島田さんが一杯ずつ丁寧に淹れる香り高いサイフォンコーヒーとかわいい2匹のワンちゃんが訪れる人々を癒してくれる。

1ゴールデンレトリバーのニコちゃんとミニチュアダックスフンドのソラくんがお出迎え 2サンドイッチセット(ミックス)950円

映画の余韻と楽しむ

第七藝術劇場／シアターセブン 周辺MAP

E バインミー専門店 HANG RONG（ばいんみーせんもんてん はんろん）
ベトナム人の店主が営む、手作りバインミー500円〜のお店

F Spa Spa Spicy Curry（すぱ すぱ すぱいしー かれー）
種類ごとに最適なスパイスで仕上げる刺激的なカレーが人気

G cafe yutte（かふぇ ゆって）
自家焙煎オーガニックコーヒーと手作り料理の小さなカフェ

H mt.cafe（まうんとかふぇ）
淀川沿いに店を構える雰囲気抜群のカフェ。フードも充実

I 喫茶Lamptira（きっさらんぷてぃら）
天然酵母の自家製パンとシンプルなお菓子が人気の喫茶店

梅田から阪急電車でひと駅。安くておいしい居酒屋が立ち並び、ラーメン激戦区としても知られる、大阪のディープスポット。

Recommended Spot

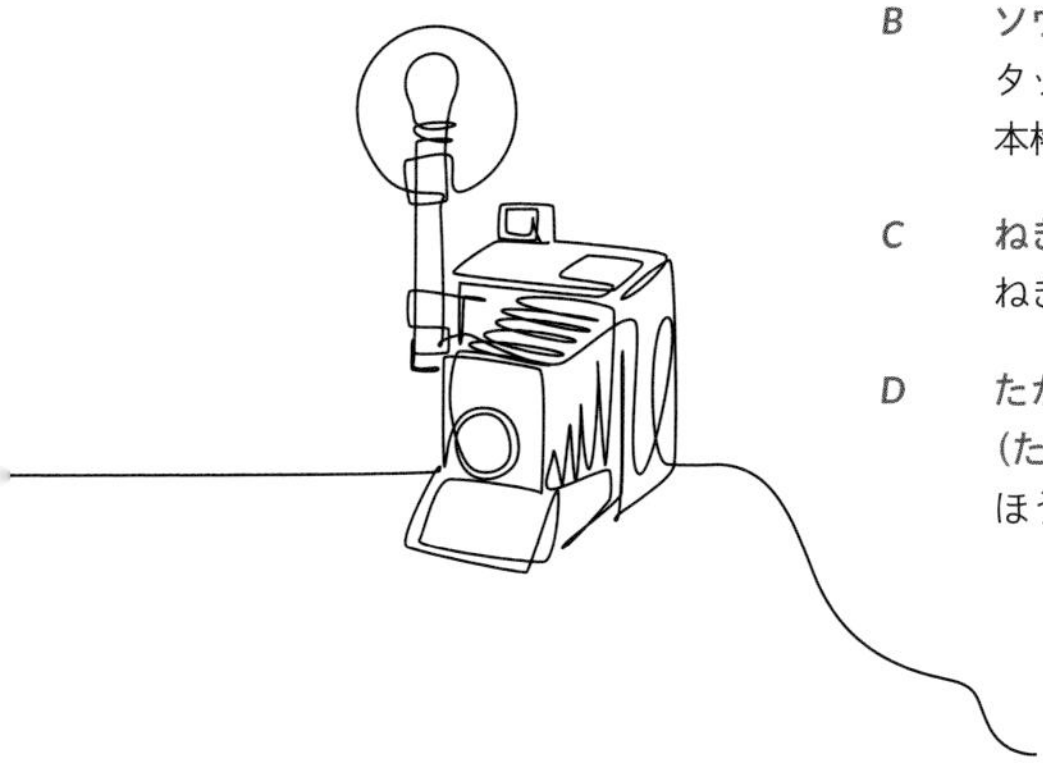

A Patisserie Touchez du bois（ぱてぃすりー とぅしぇどぅぼわ）
見た目にも美しいケーキや、焼き菓子が並ぶパティスリー

B ソウルファクトリー（そうるふぁくとりー）
タッカンマリやサムギョプサルなど、
本格的な韓国料理が味わえる

C ねぎ焼やまもと 本店（ねぎやきやまもと ほんてん）
ねぎ焼発祥の店。レモンをかけて食べる「すじねぎ」が名物

D たから【お茶のかき氷専門店】
（たから おちゃのかきごおりせんもんてん）
ほうじ茶、玄米茶、チャイ、紅茶など、お茶に特化したかき氷店

MINI THEATER

13

兵庫・豊岡

映画の文化を伝える新生映画館

豊岡劇場

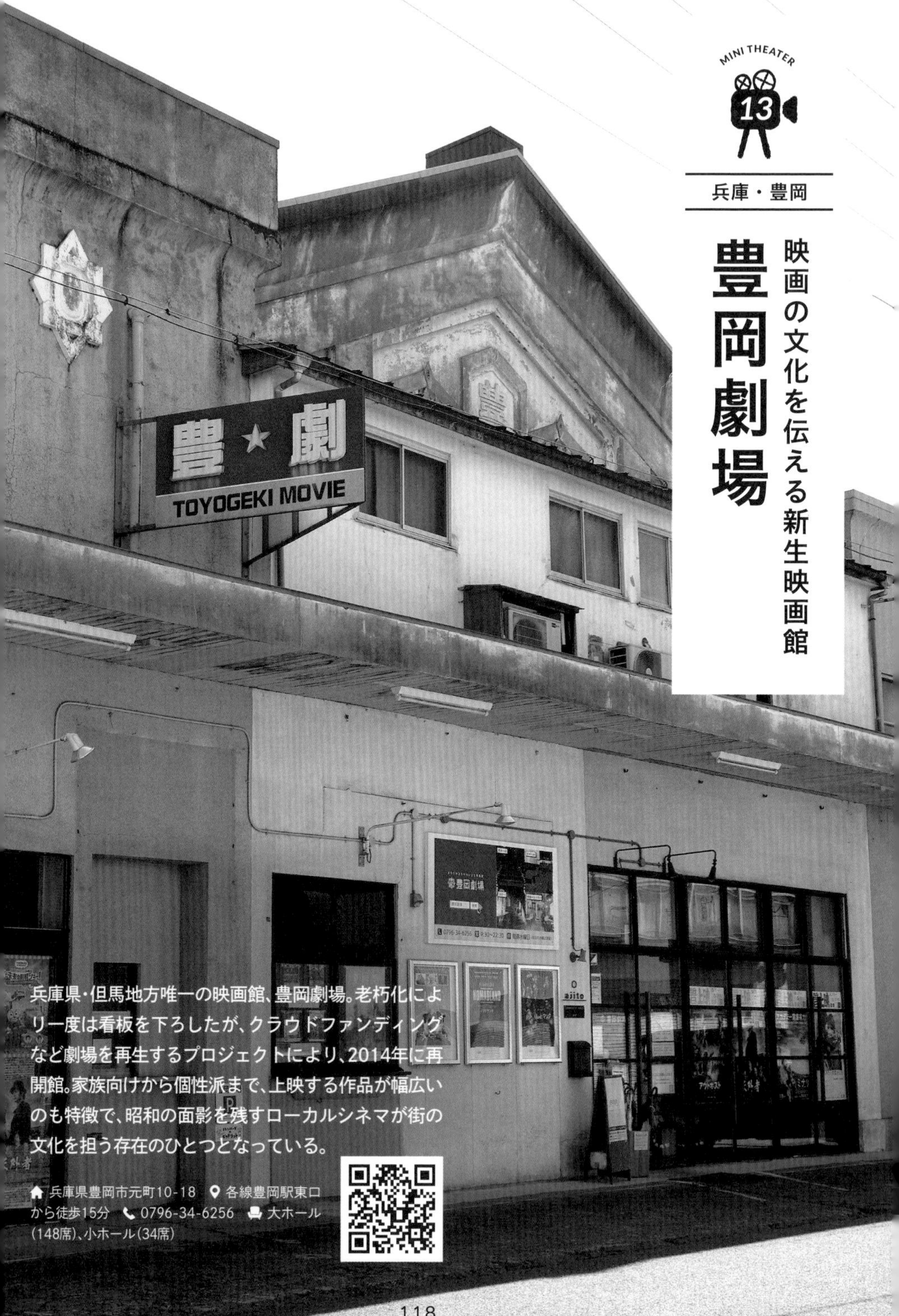

兵庫県・但馬地方唯一の映画館、豊岡劇場。老朽化により一度は看板を下ろしたが、クラウドファンディングなど劇場を再生するプロジェクトにより、2014年に再開館。家族向けから個性派まで、上映する作品が幅広いのも特徴で、昭和の面影を残すローカルシネマが街の文化を担う存在のひとつとなっている。

兵庫県豊岡市元町10-18　各線豊岡駅東口から徒歩15分　0796-34-6256　大ホール(148席)、小ホール(34席)

ポスターが並ぶ横長のロビー。上映を待つ間に次に観たい作品を見つける人も。オリジナルグッズも展開中

街で唯一の映画館が復活 日々試行錯誤し、街の顔へ

歴史を感じる近代建築の建物、窓越しにやり取りしていたチケット売り場の面影。長く地元で愛されてきた、街で唯一の映画館が消える…。その知らせを聞いて立ち上がったのが「豊劇新生プロジェクト」だ。

〝豊劇〟こと豊岡劇場は、兵庫県・但馬地方にある唯一の映画館だ。昭和2年（1927）に芝居小屋から始まり、社交ダンスや戦時中は軍倉庫に、そして映画館として85年以上の長い年月を、大衆文化の場として街の人に愛されてきた。しかし映画のデジタル化などさまざまな問題から、2012年に閉館することに。その知らせを聞き、立ち上がったのが現オーナーの石橋秀彦さんだ。学生時代に豊劇で映画を観て、映画監督になることを夢見た彼は街から映画館が無くなるのは寂しい、何とか引き継げないかと、仲間とともにクラウドファンディングによるプロジェクトを立ち上げた。存続のためのイベントを実施するなど街の人たちの協力を仰ぎ、2014年12月に豊岡劇場の再開館が実現した。

リニューアルオープンした当初は〝映画館だけじゃない映画館〟として、大小2つあるホールのうち、小ホールをレンタルスペースとしても活用。豊劇が再開したことを地元の人たちに知らせるため、そして地元のクリエイターの応援や街のコミュニティの場になればと開放していた。しかし結果的にコミュニティスペースと映画館の両立が実現できず、集客が落ちてしまったという失敗から映画上映に集中することに方向修正した。現在は、レンタルホールとしていた小ホールも映画上映ホールとして稼働させることで、上映作品の幅を広げることに成功している。

上映作品のジャンルが幅広いこともあり、今では映画ファンはもちろん、ファミリー層も通う街の映画館へと発展。映画監督らが来場する上映イベントを実施するほか、地元の商店街にあるコーヒースタンドやパン屋さんとコラボし、映画と掛け合わせたイベントなども展開。新生映画館として試行錯誤を繰り返しながら、日々〝豊劇で映画を観る楽しさ〟を提供し続けている。

イスを間引き、広々とした作りの大ホール

再々上映を望む声多数！

©2020 Midnight Swan Film Partners

『ミッドナイトスワン』

草彅剛演じるトランスジェンダーの主人公と、親の愛を知らぬ少女とが作る疑似親子の姿を描いた物語。コロナ禍でも圧倒的な集客があり、もっと長期間上映してほしいという声も。

上映のたびに感動の声が届く作品

©東海テレビ放送

『人生フルーツ』

名古屋近郊に暮らす建築家夫婦の日常を追った、東海テレビによる劇場公開ドキュメンタリー。お客さんの要望で何度も再上映しているが、そのたびに観て良かったと声が上がる。

1927年の開館から、増築や改築を繰り返してきた。もとは芝居小屋だったこともあり、建物の作り方も独特だ

現場責任者 伊《い》木《き》翔さん

INTERVIEW

――豊岡劇場は幅広いジャンルの作品をプログラミングしていますよね。

「この地域に他に映画館がないからこそ、なラインナップが実現できています。ひとつの劇場にいろんな作品を求められるんです。スクリーンが2つだけなので、全てを上映するのは難しいですが、新しいジャンルやシリーズをどんどん上映するようにして、今では年間150本ほどを上映しています。豊劇では幅広い作品を上映しており、ディズニー作品では満席になることもありました。一方で社会的な問題をテーマにしたドキュメンタリー作品も上映します。オーナーは『都会と地方で観られる作品にできるだけ差ができないよう、この劇場からいろんな作品をお届けしたい』と言っていましたね」

――プログラムを組む伊木さんも相当の映画好きですか?

「実は僕、この仕事に就くまでは音楽活動にどっぷりなフリーターで、映画は年に数本観ればいいくらいだったんです。でも、今はさまざまな作品に触れるようになり、映画という媒体のおもしろさを知りました。短い時間とはいえ、真剣にそれだけに集中させられる、ストーリーを伝えられる媒体って、他にはない。予告編とか、大きいスクリーンで観るだけでもすごく楽しいですし」

――豊岡劇場ならではのイベントについて教えてください。

「コーヒーの豆がどう採取され、流通するかというドキュメンタリー映画の上映中に、劇場近くのコーヒースタンドの方に協力してもらって、実際に豆を挽いてドリップしたり、パンが出てくる作品では上映後にパン教室を開催したり。映画って複製物なので、どこで観ても映画の内容は変わらない。でも、映画館は違うし、地域の人も違う。オリジナリティを出すのはそこしかない。今後も地域の人とかけあわせたイベントをやっていきたいですね」

田舎の劇場であっても作品が選択できる権利を届けたいです

人気作ヒット作も上映!

『グレイテスト・ショーマン』

「ヒュー・ジャックマン主演、豪華ゲストが登場するオリジナル・ミュージカル作品。シンプルで伝わりやすい作品ということもあって、世代を問わず多くの人に観てもらえました」(伊木さん)

『ボヘミアン・ラプソディ』

「伝説のロックバンド、クイーンのボーカルだったフレディ・マーキュリーに焦点をあてた伝記映画です。何度も応援上映しましたが、ほぼ毎回満席。いいひと時でしたね」(伊木さん)

PHOTO GALLERY

ドリンクの提供も

オリジナルシールがポイントのドリンクは種類豊富。アルコールもあり

オリジナルチケットがかわいい！

古い映画雑誌やレトロな映写機が飾られた休憩スペース

チケットは当日分のみ、カウンターで購入する昔ながらのスタイル

小ホールに繋がる螺旋階段も昔のまま。懐かしがる人も多い

ホールの最後部にはペアで座れるソファ席も。追加料金なしで利用可

豊岡劇場 周辺おでかけスポット

日本最古の木造商店街で常連に愛される珈琲店

築100年のふれあい公設市場は「豊岡の台所」として親しまれる

豊岡劇場から徒歩10分

KAMINO COFFEE

かみの こーひー

兵庫県豊岡市千代田町2-24 1階(ふれあい公設市場内) 各線豊岡駅東口から徒歩7分 080-8710-8408 11～16時 休 月･水･金･日曜

もともと美容室に併設されていたコーヒースタンドが現在の場所に移転。地元民に人気で、豊岡の街の情報が集まる場所。スペシャルティのみを厳選した自家焙煎のコーヒー、地元で採れた旬の果実を使用し、店内で製造される無添加ジャムやシロップ、焼き菓子などを提供。パフェやフルーツポンチなど、季節のドリンクメニューも人気。

3

2

1

1 温かい佇まいの店先。ドリンクはテイクアウトも可 2 夏にピッタリのコーヒーフロート(左)、ラテフロート(右)各550円 3 素材の味わいを大切にしたやさしい甘さの焼き菓子も豊富

豊岡劇場から徒歩5分

だいかい文庫

だいかいぶんこ

兵庫県豊岡市中央町6-1　各線豊岡駅東口から徒歩11分　なし　火・水曜19～22時、土曜13～19時ほか不定営業。詳細はHPを参照　休 不定休

地元で家庭医をしている医師が設立した、シェア型図書館兼新刊書店。月額料金で本棚をレンタルした「一箱本棚オーナー」が自由に本を並べ、利用者はその本を無料で借りることができる（要登録料）。店番はさまざまな職種の本棚オーナーやスタッフが交互に行うため、映画館スタッフが店番の日も。カフェテリアも併設されている。

本と人々の暮らしが交わる
新しい形の図書館

1本棚の本は、借りることも購入することも可能　2住民の本棚オーナーによるシェア図書館。思い思いの本が並ぶ

シネマチェアで
絶品ハンバーグを

豊岡劇場に隣接

ハンバーグのビアドリット

はんばーぐのびあどりっと

兵庫県豊岡市元町10-18 豊岡劇場内　各線豊岡駅東口から徒歩15分　0796-34-6257　11時～14時30分（14時LO）　休 水曜

豊岡劇場に隣接する、ハンバーグ専門店。但馬牛をぜいたくに使ったハンバーグは鶏肉を少し加えることで、よりふわふわでジューシーな味わいを実現。テーブル席の座席は劇場の大ホールで使用しているものと同じ、赤いベロア生地のシネマチェア。ふかふかの座席に座り、作品の感想を語り合いながら食事を楽しんで。

1入口は劇場の横、中からの2か所　2デミグラスハンバーグ1430円
3席は小上がりやカウンターもあり

映画の余韻と楽しむ

豊岡劇場 周辺MAP

映画の余韻と楽しむ〈兵庫・豊岡〉街歩きスポットをご紹介

夏は海水浴、冬はウィンタースポーツを楽しむ観光客が多く訪れる豊岡市。ブランド牛の但馬牛や松葉ガニなど絶品グルメも豊富！

Recommended Spot

A 一柳堂(いちりゅうどう)
ふんわりとした生地に白あんが入った「鹿まんじゅう」が名物

B お菓子屋 bake-house(おかしや べいくはうす)
厚焼きクッキーが常時10種類並ぶ、クッキー専門店

C & gallery(あんど ぎゃらりー)
豊岡出身＆在住の木彫作家・美藤圭さんの自宅兼ギャラリー

D デコンプ ラボラトリー(でこんぷ らぼらとりー)
オーダーメイドのバッグや小物を制作するショップ兼工房

E オーベルジュ豊岡1925(おーべるじゅとよおか いちきゅうにご)
旧銀行跡をクラシックな雰囲気が魅力のオーベルジュに改装

F 谷口今川焼店(たにぐちいまがわやきてん)
創業70年の老舗。今川焼はふわふわ食感。夏はかき氷も

G くもり空会館 / ゼロの学校(くもりぞらかいかん ぜろのがっこう)
普段はカフェとして営業。ライブスペース、音楽事務所も併設

H Naumi Purin(なうみぷりん)
但東町の卵や丹波市の牛乳を使った手作りプリンが人気

I カバンストリート(かばんすとりーと)
14のカバン関連店舗が軒を連ねる商店街。カバンの自販機も

J とゞ兵(とどひょう)
旧料亭を複合施設にリノベーション。豊岡の文化の発信拠点に

COLUMN 02

大型スクリーンのシネラマ上映で知られた「テアトル東京」。惜しまれつつ1981年に閉館した

ミニシアターをもっと身近に

テアトルシネマグループ

ミニシアターの草分け的存在ともいえる2つのグループをご紹介。まずは、今や製作や配給も手がけ、関東・関西に計9館を展開するテアトルシネマグループから。

最強のインディペンデントとして

1946年に「テアトル銀座」を開館し、その後もロードショー館を運営しながら、ミニシアター系の作品を上映していたことが現在の礎となり、9館23スクリーンを擁する、ミニシアター界を代表する映画会社として、存在感を放っている。芸術的な映画の中でも、幅広い人の生活に喜びを提供できるような作品を意識し、9館それぞれにキャッチフレーズを付けて作品をセレクトするなど、各館の特徴を活かした編成を心がけている。

そのために、編成チームは海外の映画祭に出向き、作品を観て配給会社と交渉するなど、アンテナを張り巡らせて日本一のミニシアターとして奮闘。

会員制度であるTCGメンバーズの会員数も、常に増加しており、そこにも劇場への観客の満足度が表れている。

百軒店通りにあったテアトル渋谷

無料バスの運行も

映画の製作や配給も

近年は、劇場運営だけではなく、製作、配給を務めた『この世界の片隅に』(16年)や『花束みたいな恋をした』(21年)など会社を代表する作品も誕生するなど、製作・配給・劇場運営の三位一体の取り組みで、さらなる成長を見せるようになっている。

その一方で、劇場での鑑賞満足度を高めるため、テアトル新宿をはじめとする3館に、音に包まれるような感覚を味わえるテアトルオリジナルの音響システム〝odessa(オデッサ)〟を導入し、通常料金で運営。テアトル新宿のスクリーンを最先端のものに張り替えるなど、たゆまぬ努力を続けている。

また、より良い劇場運営と売店の充実のために、スタッフによる企画や装飾のコンテストを実施し、ユニークな企画で観客を楽しませている。

『花束みたいな恋をした』

通常版 DVD:4,180円
(豪華版Blu-ray・DVD など発売中)
発売元:TBSスパークル
販売元:TCエンタテインメント

各劇場の詳細はコチラ ▶ ttcg.jp

邦画専門館としての自負と責任感を胸に

洋画全盛期から邦画専門館として日本映画に重きを置き、今後を担う若手クリエイターの発掘にも力を入れて、邦画の魅力を伝えてきた。今では、業界内での存在感も高く、テアトル新宿で上映してほしいというオファーが絶えないほどの劇場になっている。

テアトル新宿

東京 > 新宿三丁目

テアトル新宿《てあとるしんじゅく》

東京都新宿区新宿3-14-20 新宿テアトルビルB1階　地下鉄新宿三丁目駅B3番出口から徒歩3分　03-3352-1846　odessaシアター(218席)

東京 > 池袋

シネ・リーブル池袋《しね・りーぶるいけぶくろ》

東京都豊島区西池袋1-11-1 ルミネ池袋8階　JR池袋駅西口からすぐ　03-3590-2126　シアター1(180席)シアター2(130席)※各車椅子席2席含む

東京 > 大森

キネカ大森《きねかおおもり》

東京都品川区南大井6-27-25 西友大森店5階　JR大森駅東口から徒歩3分　03-3762-6000　キネカ1(134席)キネカ2(68席)キネカ3(39席)

東京 > 有楽町

ヒューマントラストシネマ有楽町《ひゅーまんとらすとしねまゆうらくちょう》

東京都千代田区有楽町2-7-1 有楽町イトシア・イトシアプラザ4階　JR有楽町駅中央口から徒歩1分　03-6259-8608　シアター1(162席)シアター2(63席)※各車椅子1席

東京 > 渋谷

ヒューマントラストシネマ渋谷《ひゅーまんとらすとしねましぶや》

東京都渋谷区渋谷1-23-16 ココチビル7・8階　地下鉄渋谷駅B1番出口正面　03-5468-5551　odessaシアター1(200席)シアター2(173席)シアター3(60席)

埼玉 > 新所沢

新所沢レッツシネパーク《しんところざわれっつしねぱーく》

埼玉県所沢市緑町1-2-1 新所沢パルコレッツ館4階　西武新宿線新所沢駅西口から徒歩3分　04-2998-8000　シアター1(130席)シアター2(92席)シアター3(95席)※各シアターに車椅子席、BOXプレミアム席あり

30周年を迎えた関西を代表するミニシアター

1990年に開館した関西では老舗の劇場。名前に社名である「テアトル」が入る、関西唯一の劇場だ。往年の名優の特集上映や、カンヌをはじめとする世界三大映画祭の受賞作など、ミニシアターらしいアート系作品を中心にしたこだわりのラインナップが光る。

テアトル梅田

大阪 > 大阪梅田

テアトル梅田《てあとるうめだ》

大阪府大阪市北区茶屋町16-7 梅田ロフトB1階　阪急大阪梅田駅茶屋町口から徒歩7分　06-6359-1080　シアター1(96席)シアター2(60席)

大阪 > 大阪

シネ・リーブル梅田《しね・りーぶるうめだ》

大阪府大阪市北区大淀中1-1-88 梅田スカイビルタワーイースト3・4階　JR大阪駅中央口から徒歩9分　06-6440-5930　odessaシネマ1(122席)シネマ2(95席)シネマ3・4(各113席)※各車椅子2席含む

兵庫 > 神戸三宮

シネ・リーブル神戸《しね・りーぶるこうべ》

兵庫県神戸市中央区浪花町59 神戸朝日ビルディングB1階　阪急神戸三宮駅西口から徒歩10分　078-334-2126　シネマ1(141席)シネマ2(79席)シネマ3(102席)※各車椅子2席含む

多くの人にとってミニシアターへの入口となり、
愛されたアップリンク渋谷（2021年5月閉館）

ミニシアターをもっと身近に

アップリンク

そこに行けば必ず、新たな才能や異色の作品との出合いを約束してくれるアップリンク。原点である渋谷は2021年に閉館したが、その精神は吉祥寺と京都に受け継がれ、発展していくはずだ。

日本一小さな映画館は渋谷で誕生した

あえて色をバラバラにしたシート

アップリンク渋谷の歴史をふり返ってみよう。1995年、若者の街、渋谷・神南にオープンしたイベントスペース「アップリンク・ファクトリー」を前身とし、2004年、渋谷の宇田川町に移転、〝日本一小さな映画館〟として「アップリンクX」を開館。その後、ギャラリーとカフェを併設した3スクリーンの劇場として「アップリンク渋谷」がオープンした。

90年代からエッジの効いた、一歩も二歩も先をいくような作品を配給、上映し続け、後に国際的に評価される監督をいち早く紹介。東日本大震災直後の2011年4月2日に、放射性廃棄物の処理問題を描いたアップリンク配給のドキュメンタリー映画『100,000年後の安全』を緊急公開したことも話題に。連日行列ができるほどの大反響を受けて異例のロングランを実施するなど、先見の明を持った編成で渋谷のミニシアターを牽引してきた。

原点である渋谷の精神は次の街へと受け継がれる

2013年からスタートした年末年始恒例の《見逃した映画特集》では、メジャー、インディーズを問わず、観ておくべきと判断した作品を上映。まさに痒い所に手が届くラインナップが魅力と、毎年楽しみにしている人も多かったという。さらに、トークイベントやライブ、ワークショップなどを積極的に開催。マーケットや飲食も充実させるなど、劇場に留まらないカルチャーの発信地として存在感を放った。

そんな風にインディペンデント・カルチャーの発信地として26年間、若者の街・渋谷で最先端を走っていた「アップリンク渋谷」が、惜しまれながら2021年5月、閉館した。

今後は、その精神を受け継いだ吉祥寺と京都のアップリンクで、新たな才能と出合えるはずだ。

アップリンク渋谷には異国の地をイメージしたカフェも併設されていた

各劇場の詳細はコチラ ▶ www.uplink.co.jp/

音響にこだわる　ミニシアター・コンプレックス

JRと京王井の頭線が乗り入れる吉祥寺駅すぐの吉祥寺PARCO地下2階に位置。異なるデザインコンセプトの小さな5スクリーンを持つ〝ミニシアター・コンプレックス〟のスタイルで2018年12月に開館した。従来のアップリンクらしい作品に加え、ファミリー層の来場も多いことから、キッズ向けやメジャー作品も上映。同館のために開発された音響設備を導入するなど、音響にこだわりぬいた劇場である。

アップリンク吉祥寺

東京 〉吉祥寺

アップリンク吉祥寺《あっぷりんくきちじょうじ》

東京都武蔵野市吉祥寺本町1-5-1 パルコ地下2階　各線吉祥寺駅北口から徒歩2分　POP（63席、車椅子用1席）、RAINBOW（52席、車椅子用1席）、RED（98席、車椅子用1席）、WOOD（58席、車椅子用1席）、STRIPE（29席、車椅子用1席）

地下にある隠れ家のような居心地の良さ

関西初進出が話題を集め2020年6月にオープン。複合商業施設・新風館の地下1階にあり、地下鉄の駅に直結とアクセスは抜群。4つの小さなスクリーンで運営され、ポップでスタイリッシュな内観が特徴。隠れ家のような居心地の良さも魅力だ。学生の街・京都にあるからこそ、学生とのコラボレーション企画も積極的に行い、巨匠の特集上映から名匠の初期作までアップリンクらしいラインナップが光る。

アップリンク京都

京都 〉烏丸御池

アップリンク京都《あっぷりんくきょうと》

京都府京都市中京区場之町586-2 新風館地下1階　地下鉄烏丸御池駅南口改札直結　RED（73席、車椅子用1席）、RAINBOW（59席、車椅子用1席）、MATCHA（44席、車椅子用1席）、STRIPE（38席、車椅子用1席）

MINI THEATER 14

広島・尾道

映画の街を明るく灯す映画館

シネマ尾道

劇場の灯が消えていた映画の街で、尾道の人々にもう一度、大きなスクリーンで映画を観る素晴らしさを思い出してもらいたいという支配人の思いで作られたシネマ尾道。駅から徒歩１分という立地で、地域の人々に支えられながら駅前を明るく灯す存在として2008年から運営を続けている。

広島県尾道市東御所町6-2　JR尾道駅南口から徒歩1分　0848-24-8222　112席

レトロな雰囲気が漂うロビーの入口には、次回上映作品のポスターなど映画の情報がたくさん

映画の街に復活した地域の人々に愛される映画館

小津安二郎監督の『東京物語』（53年）や大林宣彦監督の『時をかける少女』（83年）などの舞台となり、映画の街として知られる尾道。近年では、しまなみ海道の起点の街として、サイクリングブームにも牽引され、テレビドラマのロケ地となるなど観光地としても人気が高い。

この街で唯一の劇場として、地域の人々から愛されているのがシネマ尾道だ。尾道市で育ち、学生時代を過ごした京都のミニシアターで映画に親しんでいた支配人の河本清順さんは、２００1年に尾道市から劇場がなくなる際、映画の街といわれている尾道に劇場がないのは悔しいと感じ、復活させたいという思いが沸き上がってきたそう。そこで、全国各地のミニシアターを巡り、尾道市と同規模の人口15万人の深谷市で営業を続けている深谷シネマの存在を知り、「知ってしまったからには自分たちでやるしかないと勝手な使命感に燃えてしまって、映画館を作る活動を始めた」という河本さん。そこから、上映会活動を開始、認知を促しながら、書店や居酒屋のレジに募金箱を置いてもらうなど、地道に寄付や募金を集め、足掛け4年でシネマ尾道開館にこぎつけた。ただ、「実は全額が集まったのは実際に元映画館だった場所を借りて、工事が始まってからでした。見切り発車で工事を始めてしまったので、今思うと本当にひやひやだった」と笑う。

じっくりと映画の世界観に酔いしれたい

２０１2年にデジタル化へ移行する際にも寄付を募ったそうで、「たくさんの方に映画館がなくなると困ると言ってもらい、尾道の人たちに映画館がこの街に必要なんだと思ってもらえていることを実感するようになった」と河本さんは話す。空き店舗ばかりだった駅前も、今では次々と店がオープンするなど、劇場が駅前を明るくするきっかけにもなっている。それも、地域の人たちと共に劇場を運営し、下は高校生から上は60代くらいまでという幅広い年齢のボランティアスタッフの支えと、時には、柑橘の街である尾道らしく山のような柑橘類がプレゼントされるなど、地域に愛され、地域に根付いた劇場だからだろう。

広島・呉が舞台！

『この世界の片隅に』

第二次世界大戦中の広島・呉を舞台に、さまざまなものを失いながらも前を向いて生きるヒロインの姿を描く。ヒロインの夫役の声を務めた尾道出身の細谷佳正による凱旋舞台挨拶も実施し、大盛況に。

Blu-ray＆DVD 発売中　DVD：4,180円
Blu-ray通常版：5,280円　Blu-ray特装限定版：10,780円
原作：こうの史代（双葉社刊）　監督：片渕須直
発売・販売元：バンダイナムコアーツ

ロビーにもさまざまな映画の情報が

支配人 河本清順さん

INTERVIEW

——尾道出身の大林宣彦監督は劇場と切り離せない存在だと思います。遺作となった『海辺の映画館―キネマの玉手箱』（19年）への思いを聞かせてください。

「大林監督の遺作であり、故郷を舞台にした最後の作品で、尾道に監督が残してくださった財産の集大成だと思っています。実際にシネマ尾道も海辺の映画館なので、監督が残してくださった大切な作品として観るたびに感慨深いです」

——公開初日には全国からファンが駆けつけ、上映後には拍手が沸き起こったそうですね。

「尾道で大林監督の最後の作品を観られたことに感動してくださったんだと感じて、私もうれしい気持ちになりました」

——大林監督の作品の中で特に好きな作品はありますか？

「『さびしんぼう』（85年）がすごく好きです。人生が変わってしまうような映画にはなかなか出合わないと思いますが、小さなことでもその後の過ごし方が変わっていくような作品が好きなので、ここでも、人間の心の小さな動きをしっかりと描いた作品を大事にして上映したいと考えています。自分が観てこれぞという作品を選びたいですね」

——作品選びと同じように力を入れ、定期的に開催している『こども映画制作ワークショップ』など、子どもたちに向けたイベントについてお聞かせください。

「子どもたちに向けたイベントは、全て危機感から始めました。今は、お客様の7割近くが60歳以上の方なんです。今は大丈夫でも、10年後、20年後を考えて、若い方や子どもたちに映画館で映画を観る素晴らしさを知ってもらわなければ、劇場が存続しないんじゃないかという危機感を抱いたんです。子どもたちにとって映画や映画館が身近な存在になって、ゆくゆくは第二の大林監督が尾道から誕生すればいいなと思っています」

大林監督による尾道三部作の1作『さびしんぼう』は、いつ観ても感動で心が震えるという河本さん

河本支配人の映画の思い出

「重松清による連作短編集を大林宣彦監督が映画化した作品『その日のまえに』。劇場オープンのお祝いにと監督が主演の南原清隆さんを連れて来場くださり、尾道中が盛り上がったことをよく覚えています」

自然と拍手が沸き上がった公開初日

『海辺の映画館―キネマの玉手箱』

故郷・尾道を舞台にした大林宣彦監督の遺作。公開時には16週間のロングラン上映をし、監督の命日にも一周忌追悼上映を実施。閉館間際の映画館を舞台に、さまざまな映像表現で戦争の歴史を辿っていく。

Blu-ray＆DVD 発売中 DVD：4,180円 Blu-ray：7,480円
大林宣彦監督作品

映画の街の子どもたちと若者のための映画ワークショップを開催

子どもたちに映画や劇場に親しんでほしいという河本さんの思いから始まった『こども映画制作ワークショップ』。実績ある監督を講師に、3日間で短編映画の脚本作成から演出、撮影、上映までを子どもたちの手で行う本格的なものだ。「作り手の視点で映画を観ることで、より映画を身近に感じてもらえるんじゃないかと考えました」と河本さん。年々応募も増え、手ごたえを感じているそう。

また、毎年開催している『こども映画館』では、映画上映に加えて、映写室の見学や35㎜フィルムの映写機を回して実際に動かすところを見せるワークショップも実施。さらには地域の子どもを持つ母親たちのアイデアで月に1度、子ども向けの鑑賞会を開催し、鑑賞後に子どもたちの意見を聞く場も設けている。「映画を通じて、子どもたちの世界が広がるといいなと思っています」

映画の街・尾道で映画をつくろう！

こども
映画制作
ワークショップ @尾道2018

日程
2018年 3/24土 3/25日 3/26月

こどもたちがプロの映画監督と一緒に、尾道で映画づくりを体験します。
こどもたちが仲間と一緒にカメラを抱えて、尾道の坂道や瀬戸内を駆けまわります！

会場…尾道商業会議所記念館、シネマ尾道　他
主催…NPO法人シネマ尾道

講師
沖田修一 監督 「南極料理人」「滝を見にいく」「モヒカン故郷に帰る」（広島ロケ）

1977年、埼玉県出身。日本大学芸術学部映画学科卒業。TVドラマの脚本・演出を経て、監督・脚本を手がけた『南極料理人』（09）で商業映画デビューを果たす。その後『キツツキと雨』（12）では、第24回東京国際映画祭で審査員特別賞、第4回TAMA映画賞では、最優秀新進監督賞を受賞し、翌年公開された『横道世之介』（13）では、第56回ブルーリボン作品賞、その他、国内外問わず、数々の映画賞を総なめにした。『モヒカン故郷に帰る』（16）では、撮影をオール広島ロケ（主に呉市の島しょ部である下蒲刈島、上蒲刈島、豊島、大崎下島）で行われた。新作『モリのいる場所』の公開も控えている。

© こども映画教室

『南極料理人』（09年）や広島で撮影された『モヒカン故郷に帰る』（16年）などで知られる沖田修一監督も講師として参加

初めてふれる撮影機材にワクワク、ソワソワする子どもたち。貴重な体験になったはず

カンヌ国際映画祭での受賞歴もある、『淵に立つ』（16年）の深田晃司監督も講師に。監督の話に聞き入る子どもたち

シネマ尾道

周辺 おでかけスポット

シネマ尾道から
徒歩15分

おのみち映画資料館

おのみちえいがしりょうかん

広島県尾道市久保1-14-1 JR尾道駅南口から徒歩17分 料 入場料520円(中学生以下無料) 0848-37-8141 10～18時(最終入館17時30分) 休 火曜(祝日の場合は翌日)

1古い蔵を改装したレトロな空間でノスタルジックな映画の世界に浸れる 2入り口ではかつて実際に使われていた重厚な映写機に目を奪われる

唯一無二のロケーションと尾道ゆかりの映画の魅力を体感

尾道ゆかりの映画を、ロケ写真やポスター、ミニシアターなどで楽しめる資料館。海を望む階段や坂道、路地越しに見える尾道水道、旅情を誘う雁木《がんぎ》など、数々の映像作品の舞台となり、これまで『東京物語』をはじめ、40作品を超える映画のロケ地として愛されてきた尾道の優れたロケーションと映像美を体感しよう。

昔懐かしい味わいの尾道のソウルフード

1ノスタルジックな雰囲気のモナカルーム
2パリパリの皮にアイスクリームを挟んだアイスモナカ1個150円

シネマ尾道から
徒歩6分

からさわ

広島県尾道市土堂1-15-19 JR尾道駅北口から徒歩8分 0848-23-6804 10～19時(10～3月は～18時) 休 火曜(10～3月は火曜、第2水曜)※祝日の場合は翌日

昭和14年の創業以来、地元の人や観光客の憩いの場として愛されるアイスクリーム店。昔から変わらないレシピのたまごアイスは、地元産の卵と牛乳を使ったさっぱりと優しい味わい。人気はパリパリの皮にたっぷりのアイスクリームを詰め込んだアイスモナカ。窓から尾道水道を望む店内や、海岸沿いのベンチでいただこう。

シネマ尾道から
徒歩7分

瀬戸内の衣食住が揃う
尾道観光の定番スポット

ONOMICHI U2

おのみち ゆーつー

広島県尾道市西御所町5-11　JR尾道駅南口から徒歩5分　0848-21-0550　休 施設により異なる(HPで要確認)

尾道水道沿いにある巨大倉庫をリノベーションした複合施設。自転車を持ったままチェックインできるホテルやサイクルスルーを導入したカフェなど、サイクリストにうれしいサービスが揃うほか、瀬戸内の旬を味わえるレストランやベーカリー、セレクトショップなど、観光客や地元の人も楽しめるスポットが満載。

1尾道水道や向島を望む建物前には景色の良いウッドデッキも
2瀬戸内の食材を活かした料理が味わえる

シネマ尾道から
徒歩10分

活版カムパネルラ

かっぱんかんぱねるら

広島県尾道市東土堂町11-2　JR尾道駅から徒歩10分　0848-51-4020
10〜18時　休 年末年始

活版印刷体験ができる
風情あふれる雑貨店

活版と雑貨を扱う小さなお店。古民家を改装した店内では、オリジナルの紙ものをはじめ、アクセサリー・器・布小物、尾道在住作家の作品などを販売。奥には活版印刷の作業場があり、「活版印刷の楽しさを多くの人に知ってほしい」という想いから、体験ワークショップを通年開催。昔ながらの味わい深い活版印刷を体験して。

1活版印刷用の活字や印刷機がズラリ　2ワークショップのAコース(770円〜)で作れるカード　3活版の基本工程を体験できるBコース(2420円〜)も

映画の余韻と楽しむ

シネマ尾道 周辺 MAP

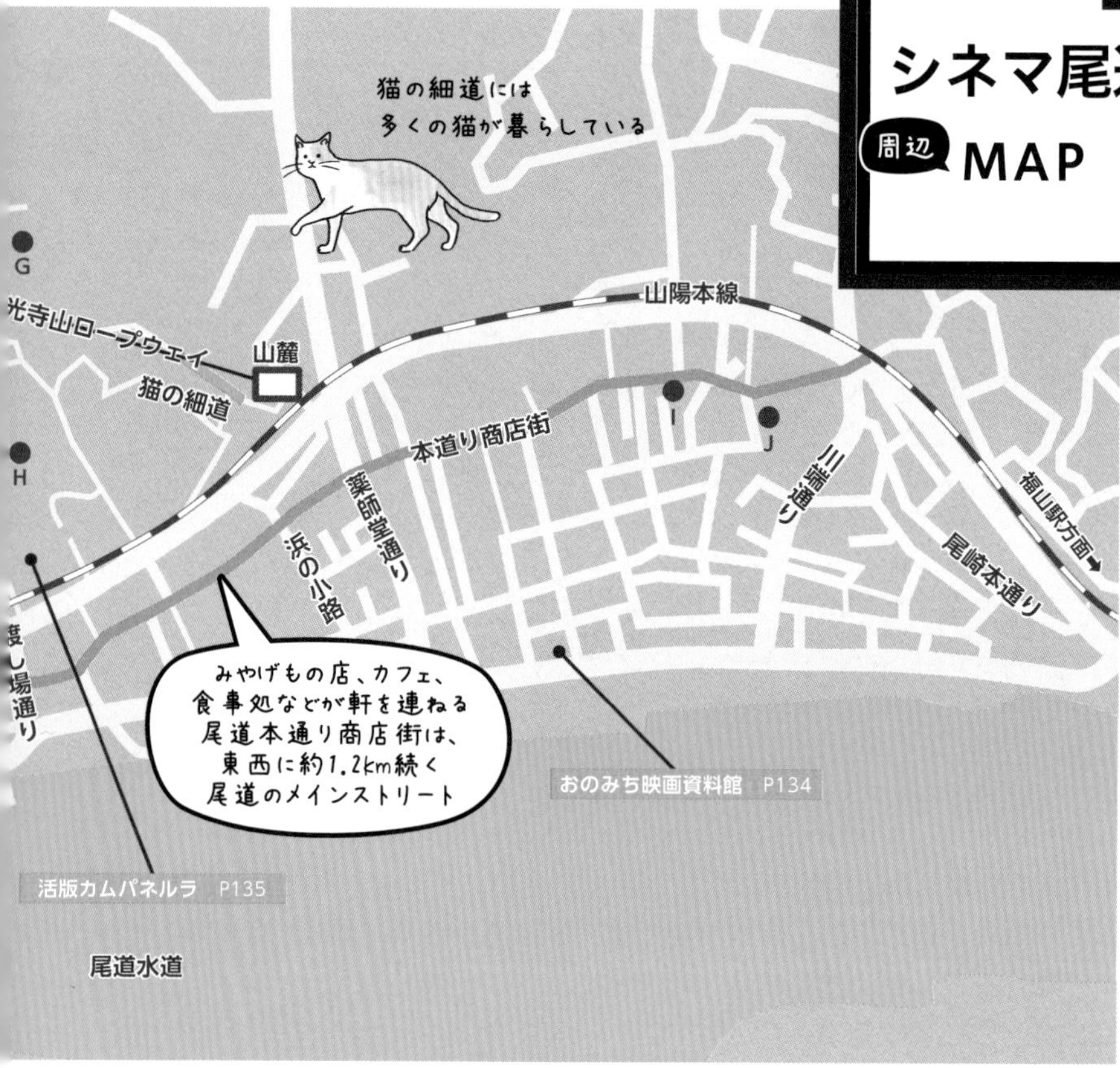

F 尾道市立美術館(おのみちしりつびじゅつかん)
安藤忠雄設計。国境やジャンルを問わない多彩な作品を展示

G 千光寺(せんこうじ)
山の斜面からせり出す舞台造の本堂から眺める景色は圧巻

H LOG(ろぐ)
千光寺へ続く坂の途中にある宿。カフェ、ショップを併設

I てづくりケーキと喫茶のお店 佳扇(てづくりけーきときっさのおみせ かせん)
映画好きの店主が営む。かわいいパフェやケーキが揃う

J CASTLE ROCK(きゃっする ろっく)
本場フランス仕込みの大ぶりなクロワッサンが並ぶ人気店

ノスタルジックな雰囲気をもつ尾道は、映画やドラマの舞台として幾度も登場。海と山に囲まれた独特の街並みをのんびり散策しよう！

Recommended Spot

A おやつとやまねこ
名物の尾道プリンは付属のレモンソースで2度おいしい！

B たまがんぞう
尾道水道を望む抜群の立地で新鮮な魚介を楽しめる居酒屋

C メキシコ（めきしこ）
昭和30年創業のレトロな喫茶店。一日中モーニング550円

D パン屋航路（ぱんやこうろ）
行列ができるパン屋さん。牛すじ入りのカレーパンが大人気

E めん処 みやち（めんどころ みやち）
創業75年を超える尾道ラーメンの名店。てんぷら中華が名物

MINI THEATER 15

佐賀・佐賀

地域の人々に愛され、支えられる
シアター・シエマ

佐賀県唯一のミニシアターとして、佐賀市内の中心部、佐賀神社の北側で2007年に営業を開始。高い建物が少なく、空が広いことで知られる佐賀県にあることから、空のようにいつも傍にある劇場でありたいと、スペイン語で空を意味する“CIELO”と“CINEMA”を掛け合わせて「シエマ」と名付けられた。

佐賀県佐賀市松原2-14-16セントラルプラザ3階　JR佐賀駅南口から徒歩19分　0952-27-5116　スクリーン1(90席)スクリーン2(72席)

劇場の入るセントラルプラザは
大きな看板が目印。以前はこの辺りも
劇場が多い地区だったそう

地域に根差し、人々に支えられ、文化を発信し続ける劇場

佐賀市内の中心部に劇場を復活させたいという市民の声を受け、2006年に閉館したセントラルシネマをリノベーションし、2007年にオープンしたシアター・シエマ。元々、3スクリーンの劇場だったが、2スクリーンはそのままに、真ん中のひとつを大きなスクリーンのあるカフェに改装。積極的にイベントなどを行いながら〝映画を観なくても来られる劇場〟をコンセプトに運営している。

現オーナーの芳賀英行さんは元々、福岡を中心にカフェなどで映画の上映会やライブなどのイベントを手掛けていたが、そろそろ自分たちで運営する拠点を持ちたいと考えていたところで、この場所と出合い、「日常の中でワクワクするようなおもしろいことに出合える空間を作りたい」と、シエマをオープンさせた。

開館当初は客足も伸びず、本当に劇場が地域の人から求められているのか不安になることもあったそうだが、劇場のデジタル化を進めなければならなくなった時が転機になったそう。「デジタル化を目指して募金を集めると、なんと9ヶ月で1200万円集まったんです。そこで初めて、こんなにたくさんの方に劇場がなくなったら困ると思ってもらえているんだと、数字で実感することができて、本当に有難いことだと思いました」と芳賀さん。その際に佐賀県で自主上映を手掛けていた団体をはじめとする有志が「シエマでいろんな映画をずっと見たいからシエマのデジタル化に協力する会」を作り、それが現在の「シエサポ会」というシエマをサポートする活動へと繋がっているそうだ。さらには、視覚や聴覚に障がいのある方も映画を楽しめるように音声ガイドやバリアフリー字幕を付けたバリアフリー映画を作る「みないろ会(みんなでいろんな映画を見たいからバリアフリー映画を作る会)」も作られている。また、月に1度シエサポ会主催で、カフェのスペースを使い、テーマになっている映画についてざっくばらんに話す《月いちシエマ》も開催されるなど、地域に根差し、地域の人々とともに作り上げている劇場だ。

壁掛けされている今日のタイムテーブル

若松監督に舞台挨拶を直談判

©若松プロダクション

『キャタピラー』

若松孝二監督が、帰還した負傷兵の面倒を見る妻の姿を通して戦争の悲惨さを訴える人間ドラマ。若松監督に直談判して舞台挨拶を実施。1000人動員すると断言し、実際に1000人動員も達成。

宮崎県の劇場関係者の勧めで上映し大ヒット！

© ENBU ゼミナール
Blu-ray＆DVD 発売中　DVD:4,180円 Blu-ray:5,280円
発売・販売:バップ

『カメラを止めるな！』

山奥の廃墟でゾンビと遭遇した自主映画の撮影クルーの狂騒をコミカルに描いた野心作。以前から親交のあった宮崎県の劇場関係者の勧めで、人気に火が付きだした2018年8月に上映し、大ヒット。

INTERVIEW

代表取締役 芳賀英行さん
支配人 重松恵梨子さん

トークショーやライブなど、
さまざまなイベントを開催。
イベントは毎回盛況を呼び、盛り上がるそう

――劇場に併設するカフェを作った理由をお聞かせください。

芳賀「映画を観なくても来られるような空間を作りたかったので、最初からカフェは作るつもりでした。僕が福岡のミニシアターに通っていた頃、映画のチラシだけを目的に劇場へ行くと、すごく入りづらかったんです。入りづらさを感じない劇場を目指して、カフェを作りました」

――カフェのスペースでさまざまなイベントを開かれているそうですが、印象に残っているイベントはありますか？

芳賀「《農業映画祭》というイベントで、有機野菜などを販売しながら映画を上映したのはよく覚えています。また、映画とは関係ありませんが、会津木綿を使った洋服の受注販売会を実施した時も盛況でした。今では、いろんなことをやっている場所だと思ってもらえていると感じています」

――『みないろ会』を始めて、何か変化はありましたか？

重松「『みないろ会』を始めて、目が見えない方と関わる場所がほとんどないことに気付きました。接する時は、どうしても身構えてしまいがちですが、バリアフリー映画を作るという共通の目標があるので、普段、関わることの少ない方と、同じ作品を何度も観て意見をぶつけ合い、話し合うことができるので、今後も続けていきたいと思っています」

――ミニシアターで『午前十時の映画祭』※が開催されているのは珍しいと思いますが、どのような反響がありますか？

重松「『午前十時の映画祭』が劇場に来てもらうきっかけになっていると思います。これを機に、今の映画好きな若い人たちが観てくれるようになったので、今と昔の映画の行き来が盛んになっていると感じています」

※映画史に残るような名作、ヒット作の数々を毎日午前10時から1年間にわたり全国の映画館で上映する映画祭

街コンイベントで上映し、満席に

『マダム・イン・ニューヨーク』

英語を話せなかった平凡な主婦がアメリカの英会話学校に通い、自信を取り戻していく様を描く人間ドラマ。当時流行っていた街コンイベントで、さわやかでハッピーになれる映画として上映した。

Blu-ray＆DVD発売中　DVD：4,180円 Blu-ray：4,730円
発売・販売元：アミューズソフト

劇場の役割や存在意義を実感！

『みんなの学校』

不登校ゼロを目指す大阪の小学校の取り組みを映すドキュメンタリー映画。この取り組みに賛同する団体と協力して宣伝。シエマでの上映によって多くの人に認知され、劇場の存在意義を感じたそう。

コミュニケーションと相互理解を深める場「みないろ会」

「みんなでいろんな映画を見たいからバリアフリー映画を作る会」を略して「みないろ会」。3年ほど前にシエマで開催された佐賀県主催のバリアフリー映画の上映会をきっかけに、「できることなら映画館で映画を観たい」という視覚や聴覚に障がいのある方の声を受け、単発的ではなく、継続的な場を作ろうと始まった。

字幕や音声ガイドを付けたバリアフリー映画を作ることを目標にしているが、いろんな環境、状況の人たちが集まって活動することによって、相互理解を深めることが真の目的になっているそう。さまざまな見方ができる映画だからこそ、障がいのある人もない人も混ざり合った、コミュニケーションの場になっている。

「みないろ会」の存在も根付き、上映会も賑わいをみせている

イベントにも手話通訳の方を招いて実施

カフェも併設

スクリーンのある広い空間が楽しめるカフェとして、上映作品に関連したイベントなども開催。劇場にはソファー席もあり、カフェで販売されている食事やドリンクを劇場に持ち込むことができるので、シエマバーガーなどの軽食も充実。日替りランチや日替りカレーも人気。持ち込みによって自然と増えているさまざまな本を読むこともできる。

イベント上映などにも使われるスクリーン前のテーブルは特等席

ポークジンジャーカレー
(月替わりカレー)
単品600円

バスクチーズケーキ
450円

cafe CIEMA

かふぇしえま

☎ 0952-27-5116 ◔ 映画初回時間より映画最終回開始時間まで 休 火曜、第2・4金曜はランチ営業なし

シアター・シエマ
周辺 おでかけスポット

地元愛あふれる店主が選ぶ
佐賀生まれの〝いいもの〟

シアター・シエマから
徒歩2分

GOFUKU Local&Gift

ごふく ろーかる あんど ぎふと

佐賀の風景を撮影したポストカードや、佐賀在住のデザイナーによるご当地Tシャツ、地元農家産の無農薬野菜やチーズ、調味料など佐賀にゆかりのあるものを厳選してセレクト。モノの背景にある物語や作り手の想いを届けたいという店主の愛情が感じられるものばかり。思わず誰かに贈りたくなる逸品に出合える。

佐賀県佐賀市呉服元町8-6　JR佐賀駅南口から徒歩19分　0952-37-0743　12〜18時　休 月・火曜

1お菓子や調味料、器などギフトに最適なアイテムが並ぶ　2嬉野釜炒茶「葉と日と火」864円は苦味がなくスッキリ

シアター・シエマから
徒歩8分

レストラン白山文雅

れすとらんしらやまぶんが

赤を基調としたレトロな店内が印象的な、昭和33年創業の老舗レストラン。全国にファンを持つというカレーは、フレンチをベースにしたコク深い欧風カレー。メニューが多くて迷ってしまった時は、平日限定の「セレクト二色カレー1520円」がオススメ。9種類の中から好きなカレー2種類が味わえる人気メニューだ。

半世紀以上愛される
フレンチ仕込みのカレー

佐賀県佐賀市白山1-2-1　JR佐賀駅南口から徒歩13分　0952-23-4789　11時〜14時30分LO、17時30分〜20時LO（土・日曜、祝日のランチは〜15時LO）　休 月曜（祝日の場合は翌日）

1個性的なカレーが揃う。カレーがメインのコース料理も用意　2人気店のため予約して行くのがベター　3趣たっぷりの扉を開いてレトロな店内へ

シアター・シエマから
徒歩5分

佐賀市歴史民俗館（旧古賀銀行）

さがしれきしみんぞくかん（きゅうこがぎんこう）

現代に残る７つの歴史的建造物を有する佐賀市歴史民俗館。ひときわ目をひく煉瓦とタイル張りの洋館が、明治18年、両替商の古賀善平が設立した旧古賀銀行だ。館内には銀行関連資料のほか、山口亮一画伯の絵画や有田焼、肥前びーどろも展示。明治期のものがそのまま残る床の一部やマントルピースもみどころ。

西洋の建築や文化が地方へ流れゆく時代の建物

1外壁は大正5年に増築された際の姿に復原。建物は佐賀市重要文化財に指定
2館内には大正ロマンを感じさせるカフェも

佐賀県佐賀市柳町2-9　JR佐賀駅南口から徒歩22分　0952-22-6849
9〜17時　休 月曜、祝日の翌日（土・日曜を除く）、12月29日〜1月3日

おいしいコーヒーを飲みながら本との偶然の出合いを楽しめる

シアター・シエマから
徒歩11分

PINEBOOKS

ぱいんぶっくす

佐賀県佐賀市大財4-1-57　JR佐賀駅南口から徒歩16分　0952-29-2069　9〜16時LO、水曜は12時〜　休 土・日曜、祝日

「本とコーヒーを通して、すてきなアイデアが閃くお手伝いができれば」そんな想いから誕生した古本とコーヒーのお店。スタッフがセレクトする古本に囲まれながら、フレッシュな豆をハンドドリップで淹れるオーガニックコーヒーでほっと一息。PINEBOOKSのメッセージが込められたオリジナルグッズも販売。

1マルシェバッグやマグカップ、Tシャツなど普段使いしやすいグッズが揃う　2マグカップのメッセージは「すばらしいアイデアがひらめきますように」

映画の余韻と楽しむ

シアター・シエマ 周辺MAP

映画の余韻と楽しむ〈佐賀〉街歩きスポットをご紹介

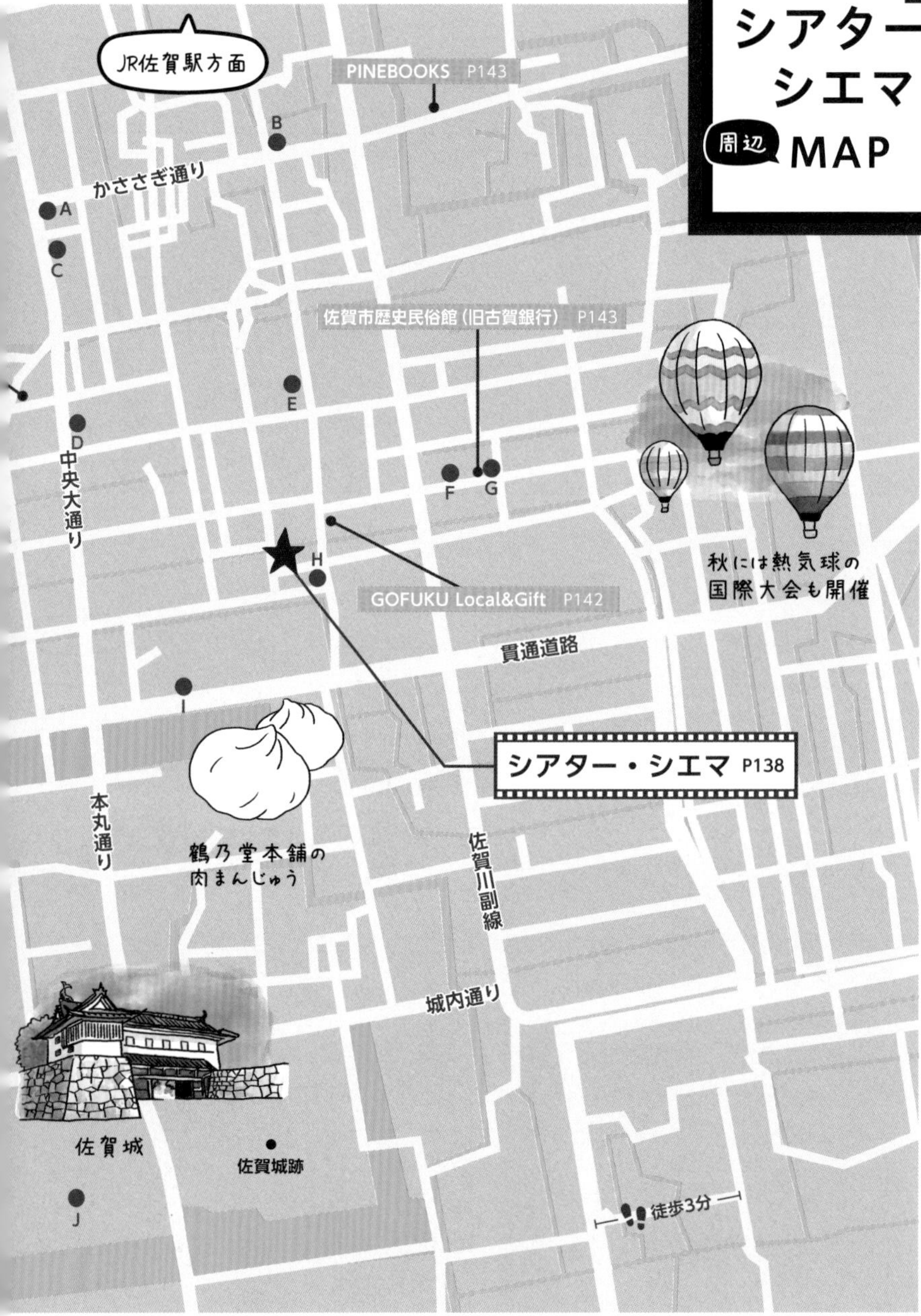

県庁所在地でありながら、江戸時代の面影を残す歴史ロマンが漂う佐賀市。長崎街道沿いでは菓子文化が花開き、数々の銘菓が誕生。

Recommended Spot

A　TSUITACHI COFFEE&TEA（ついたち こーひーあんどてぃー）
コーヒーと嬉野茶を提供。佐賀銘菓とのコラボも話題に

B　flower style Rela（ふらわーすたいるりら）
ドライフラワーに埋め尽くされた店内で食事が楽しめるカフェ

C　76pain（ななろくぱん）
こだわりの詰まった50種類以上のパンが並ぶ人気ベーカリー

D　北島 白山本店（きたじま しらやまほんてん）
看板商品は佐賀を代表する銘菓・丸芳露（まるぼうろ）

E　GRAN（ぐらん）
自家製オーガニックグラノーラを種類豊富に取り扱うお店

F　晩飯 たかあき家（ばんめし たかあきや）
一品料理などが揃う居酒屋。シメはしじみラーメンで

G　レストラン&カフェ 浪漫座（れすとらんあんどかふぇ ろまんざ）
佐賀名物のシシリアンライスをノスタルジックな空間で

H　焼鳥おさむ（やきとりおさむ）
大きなネタの焼き鳥を秘伝のポン酢と七味唐辛子でどうぞ

I　鶴乃堂本舗（つるのどうほんぽ）
肉まんじゅう150円はふかふかの生地の中に餡がたっぷり

J　佐賀県立博物館・佐賀県立美術館
（さがけんりつはくぶつかん さがけんりつびじゅつかん）
佐賀城跡の西側に位置。博物館本館1階にはカフェも併設

COLUMN 03

話題の作品はここで撮影されました
映画の舞台になった街

お気に入りの作品のロケ地なら、一度は訪れてみたいもの。今回は近年公開された話題作の舞台となった5つの街をご紹介。

京都・出町柳

観光名所も徒歩圏内 下町情緒あふれる学生の街

近隣に大学が点在することから、学生の街として知られる出町柳。下鴨神社や京都御苑も徒歩圏内で、出町座(→P94)があるのもこのエリアだ。京都市北部を流れる賀茂川と高野川が合流する三角州は「鴨川デルタ」とよばれ、『夜は短し歩けよ乙女』などさまざまな作品に登場。四季折々の景色を眺めながら、のんびり散策してみて。

糺《ただす》の森で行われる「下鴨納涼古本まつり」は京都の夏の風物詩

ファンタジックな青春恋愛物語！

『夜は短し歩けよ乙女』(2017年)

森見登美彦のベストセラー小説をアニメーション映画化。京都の街を舞台に、黒髪の乙女に思いを寄せる冴えない大学生の物語をユーモラスに描く。主人公の声は星野源が担当。

「夜は短し歩けよ乙女　通常版」
Blu-ray&DVD発売中　DVD：5,280円 Blu-ray：6,380円
発売元：東宝/フジテレビ 販売元：東宝　©森見登美彦・KADOKAWA/ナカメの会

写真提供：仙台観光国際協会

昭和レトロな雰囲気が魅力の「壱弐参(いろは)横丁」ではしご酒も

宮城・仙台

東北きっての大都市ながら 緑に囲まれた美しい街

『アイネクライネナハトムジーク』のロケ地となった仙台は、豊かな自然を抱えることから「杜の都」ともよばれる。伊達政宗ゆかりの地として知られ、市内には史跡が多く残されている。東北三大祭りのひとつ「仙台七夕まつり」をはじめ、年間を通してさまざまなイベントが行われるのも魅力的。牛タンやずんだ餅などの絶品グルメもお見逃しなく。

仙台を舞台に繰り広げられる恋愛群像劇

『アイネクライネナハトムジーク』(2019年)

伊坂幸太郎の連作短編集を、三浦春馬と多部未華子主演で実写化。『愛がなんだ』の今泉力哉監督がメガホンを取り、不器用な人々が織りなす10年の歳月を丁寧に描き出す。

Blu-ray&DVD「アイネクライネナハトムジーク」
豪華版Blu-ray：5,280円 通常版DVD：4,180円
発売元/販売元：アミューズソフト
©2019「アイネクライネナハトムジーク」製作委員会

東京・下北沢

再開発でさらに充実サブカルチャーの発信地

音楽、古着、演劇など、サブカルチャーの発信地として知られ、『劇場』の舞台にもなった下北沢。駅周辺の再開発が完了し、ニュースポットも続々と誕生。かつての魅力はそのままに、進化を続ける下北沢から目が離せない！

生涯忘れることができない7年間の恋

『劇場』(2020年)

芥川賞作家・又吉直樹の2作目となる同名小説を行定勲監督が映画化。劇作家を目指す主人公・永田（山﨑賢人）と彼を支える恋人・沙希（松岡茉優）の7年間の恋を描く。

神奈川・鎌倉

何度でも訪れたい趣たっぷりの人気エリア

『海街ｄｉａｒｙ』の四姉妹が暮らす街として登場するのが、山と海に囲まれた古都・鎌倉だ。小町通りの散策や、季節の草花、ハイキングなど、みどころ満載で何度訪れても楽しめる。神社仏閣も多く、パワースポットとしても人気。

写真提供：鎌倉市観光協会

四姉妹の姿を、鎌倉の四季とともに描く

『海街diary』(2015年)

吉田秋生の人気コミックを実写化した本作。鎌倉に暮らす3姉妹と異母妹が、父への思いや葛藤を抱えながら家族の絆を深めていく物語。監督は『そして父になる』の是枝裕和。

大分・豊後高田

まるでタイムスリップ昭和の街並みを体験

昭和風情を色濃く残す商店街や、昭和のテーマパーク「ロマン蔵」、復刻されたボンネットバスなど、昭和30～40年代にタイムスリップしたような町並みを楽しめる「昭和の町」。『ナミヤ雑貨店の奇蹟』のロケ地としても話題に。

写真提供：豊後高田市観光まちづくり株式会社

手紙がつなぐ、たった一夜の優しい奇蹟

『ナミヤ雑貨店の奇蹟』(2017年)

原作は、世界累計1000万部を突破した東野圭吾の同名小説。現在と過去が手紙でつながる不思議な雑貨店を舞台に、相談者と店主の時を超えた交流を描く感動作。

MINI THEATER GUIDE 70

\ あの街にもあります♪ /

日本全国のミニシアター 70

全国には魅力的なミニシアターがまだまだたくさんあります。
ミニシアターを目指して、あの街、この街へおでかけしてみませんか？

北海道 苫小牧

シネマ・トーラス《しねま・とーらす》

自主上映活動を行なっていた代表が開館。「苫小牧の映画ファンが好む作品を」と、アート系・単館系の小規模作品を中心に上映。10作品分のチケット付きの会員制度など、サービスも充実。

北海道苫小牧市本町2-1-11（苫小牧中央ボウル1階） JR苫小牧駅南口から徒歩15分 40席 cinema-taurus.info/

北海道 浦河郡

大黒座《だいこくざ》

1918年創業、100年以上看板を掲げる劇場。2013年にデジタル映写機を導入。ジャンルを問わない番組編成で、劇場で映画を観る価値と豊かさを伝え続ける。

北海道浦河郡浦河町大通2-18 JR札幌駅から車で約2時間51分 48席 www.daikokuza.com/

北海道 函館

シネマアイリス《しねまあいりす》

1996年に開館した「映画を作る映画館」。函館市民発信映画として、函館出身の作家・佐藤泰志原作の映画を企画・制作・プロデュース。最新作『草の響き』が2021年秋公開予定。

北海道函館市本町22-11 函館市電五稜郭公園前電停から徒歩2分 66席 www.cinemairis.com/

北海道 札幌

シアターキノ《しあたーきの》

市民出資のNPO型の市民映画館。世界中の言語や文化、未知の才能に触れ、人生を豊かにする作品を自由度高くセレクト。併設カフェでは体にやさしく、映画にちなんだメニューが登場する。

北海道札幌市中央区狸小路6 南3条グランドビル2階 地下鉄大通駅1番出口から徒歩7分 A館（63席）、B館（100席） www.theaterkino.net/

青森 青森

シネマディクト《しねまでぃくと》

約70年にわたり映画事業を行ってきた奈良屋劇場が運営し、青森でスクリーン上映すべき作品を厳選。難聴者用ループなど、バリアフリー対応あり。学割、シニア割など割引設定も多数。

青森県青森市古川1-21-18 3階 各線青森駅東口から徒歩9分 ルージュ館（150席）、ノアール館（55席） www.cinemadict.com/

北海道 札幌

サツゲキ《さつげき》

「ディノスシネマズ札幌劇場」が2020年に移転リニューアル。映画で未知の世界に触れる機会を増やしたいと、多種多様な作品を編成。札幌の文化発信地として多様性に富んだ活動を行う。

北海道札幌市中央区南2条西5-6-1 狸小路5丁目内 地下鉄大通駅3番出口から徒歩5分 シアター1（200席）、シアター2（28席）、シアター3（48席）、シアター4（170席） www.sugai-dinos.jp/cinema/sapporo/

茨城 土浦

土浦セントラルシネマズ《つちうらせんとらるしねまず》

土浦市で一番長い歴史をもつ劇場。観客のリクエストを元に編成を決定。高い天井と床がスロープになっているため映画が観やすく、広々として疲れにくい設計の座席が好評。

茨城県土浦市川口1-11-5 JR土浦駅西口から徒歩8分 シネマ1(300席)、シネマ2(250席)、シネマ3(210席)、シネマ4(170席) tsuchiura-central.jp

群馬 前橋

前橋シネマハウス《まえばししねまはうす》

「映画を通して家族のような繋がりを持ってほしい」との想いから開館したシアター。社会的価値のある作品、県内上映がない良作品、支配人のイチオシ作品をバランスよく編成。

群馬県前橋市千代田町5-1-16 アーツ前橋上3階 JR前橋駅北口から徒歩14分 シアター0(116席)、シアター1(58席) maecine.com/

群馬 高崎

シネマテークたかさき《しねまてーくたかさき》

NPO法人が運営する市民出資型映画館。その日の気分で映画を選べるよう多種多様なジャンルで編成している。群馬県ゆかりの作品や、新進気鋭の監督作品も積極的に上映。

群馬県高崎市あら町202番地 各線高崎駅西口から徒歩9分 シアター1(58席)、シアター2(64席) takasaki-cc.jp/

埼玉 深谷

深谷シネマ《ふかやしねま》

元禄時代創業の造り酒屋の蔵を改装した劇場で、歴史と温かみのある建物は随一の魅力。市民によるNPO法人が運営する。上映作品は来場客のアンケートから編成を決めている。

埼玉県深谷市深谷町9-12 七ツ梅酒造跡 JR深谷駅北口から徒歩10分 57席 fukayacinema.jp/

埼玉 川越

川越スカラ座《かわごえすからざ》

1905年に寄席「一力亭」からスタートした。一度は閉館したが2007年に復活を遂げ、昭和感溢れる雰囲気の中で映画を楽しめる。洋邦・新旧問わず幅広い作品を上映する。

埼玉県川越市元町1-1-1 西武本川越駅蔵のまち口(東口)から徒歩17分 124席 k-scalaza.com/

岩手 盛岡

盛岡ルミエール1・2《もりおかるみえーる1・2》

1987年開館。映画評論家の故・淀川長治氏が命名した。ヨーロッパ特集・ドキュメンタリー特集・アジア特集など、単館系の特集編成が特徴。盛岡ピカデリーとの共通サービスカードあり。

岩手県盛岡市菜園2-2-2 各線盛岡駅南口から徒歩15分 ルミエール1(78席)、ルミエール2(65席) nanbukogyo.jp/morioka/

岩手 一ノ関

一関シネプラザ《いちのせきしねぷらざ》

作家・井上ひさし氏が中学生の頃もぎりのバイトをしていたという、2021年に開業72年を迎える老舗劇場。話題作からアニメまで、あらゆる世代にマッチした作品をバラエティ豊かに編成。

岩手県一関市磐井町2-13 JR一ノ関駅西口から徒歩13分 プラザ1(140席)、プラザ2(84席) なし

秋田 大館

御成座《おなりざ》

1952年に洋画専門劇場として誕生。火災による焼失、再建、閉館など紆余曲折を経て、2014年に東北唯一の常設単館劇場として新たなスタートを切った。看板娘のウサギがロビーで出迎えてくれる。

秋田県大館市御成町1-11-22 JR大館駅から徒歩3分 200席 onariza.oodate.or.jp/

福島 いわき

名画座まちポレいわき《めいがざまちぽれいわき》

2018年に2館の単館系シネマとしてリニューアル。単館系作品・アート系作品や、アート系ミニシアター作品を中心に上映している。くつろげる座敷やソファー席もあり。

福島県いわき市平字白銀町1-15 JRいわき駅南口から徒歩5分 スクリーン1(60席)、スクリーン2(50席) machipole-iwaki.com/

茨城 那珂

あまや座《あまやざ》

2017年に開館した県内唯一のミニシアター。茨城県内にも多彩な映画を届けられるようにと、県内で上映されていない作品を中心に、世界中の映画をバランス良くセレクト。

茨城県那珂市瓜連1243 JR瓜連駅北口から徒歩8分 36席 amaya-za.com/

東京 渋谷

Bunkamura ル・シネマ《ぶんかむら る・しねま》

1989年、ミニシアター全盛期に誕生した劇場。Bunkamura内に美術館やコンサートホールを擁することから、芸術にまつわる伝記映画やドキュメンタリーのほか、非映画コンテンツも積極的に編成する。

東京都渋谷区道玄坂2-24-1 各線渋谷駅JRハチ公口から徒歩5分 シネマ1(150席)、シネマ2(126席) www.bunkamura.co.jp/

東京 田端

CINEMA Chupki TABATA《しねま・ちゅぷき・たばた》

目や耳が不自由な人、車椅子の人、どんな人も楽しめる日本初のユニバーサルシアター。上映作品全てにイヤホン音声ガイドと日本語字幕付き。入口、トイレ、客席までバリアフリー設計。

東京都北区東田端2-8-4 JR田端駅北口から徒歩7分 休 水曜 20席 chupki.jpn.org/

東京 渋谷

シネマヴェーラ渋谷《しねまゔぇーらしぶや》

渋谷で唯一の名画座。洋画と邦画を半々の割合で編成。大型連休は洋画を上映。若者に古い名作を観てほしいとの願いから学生料金は600円に。書籍販売やトークショーにも力を入れる。

東京都渋谷区円山町1-5 KINOHAUS 4階 各線渋谷駅JRハチ公口から徒歩7分 142席 www.cinemavera.com/

東京 銀座

シネスイッチ銀座《しねすいっちぎんざ》

日本で初めてレディースデー(毎週金曜950円)を導入。幅広い世代の女性に支持・共感される良質な作品を上映し続けてきたことから、女性にやさしい劇場として知られる。

東京都中央区銀座4-4-5 地下鉄銀座駅A10番出口から徒歩1分 シネスイッチ1(271席)、シネスイッチ2(182席) cineswitch.com/

東京 高円寺

高円寺シアターバッカス《こうえんじしあたーばっかす》

クリエイターの発信地ともいえる劇場。商業・インディーズ作品、作家性の強い実験作など、映画づくりと関わる中で生まれる編成が特徴。舞台・スクリーンとの距離の近さも愛されるゆえん。

東京都杉並区高円寺北2-21-6 レインボービル3階 JR高円寺駅北口から徒歩5分 33席 bacchus-tokyo.com/

東京 高田馬場

早稲田松竹映画劇場《わせだしょうちくえいがげきじょう》

開館70年の劇場。アート系を中心に往年の名作や話題作、多種多様な作品を週替わり・毎日2本立てで上映。コアな映画ファンも満足できる作品を2本鑑賞することで、観客の世界を広げる。

東京都新宿区高田馬場1-5-16 各線高田馬場駅地下鉄7番出口から徒歩2分 156席 wasedashochiku.co.jp/

東京 下高井戸

下高井戸シネマ《しもたかいどしねま》

駅からほど近く、地域に溶け込んだ昭和の古き良き劇場。国・年代・ジャンル問わず良質な映画を上映。さまざまな切り口で特集を組み、時代背景などの理解が深まるような編成も。

東京都世田谷区松原3-27-26 各線下高井戸駅東口から徒歩1分 126席 www.shimotakaidocinema.com/

東京 渋谷

シアター・イメージフォーラム《しあたー・いめーじふぉーらむ》

作家性と芸術性のある作品を軸に上映。階上には個人映画上映スペースとしてのシネマテークもあり、映像制作ワークショップや映像祭も毎年開催。作家育成にも尽力している。

東京都渋谷区渋谷2-10-2 各線渋谷駅JR東口から徒歩8分 シアター1(64席)、シアター2(98席) www.imageforum.co.jp/theatre/

千葉 > 千葉
千葉劇場《ちばげきじょう》

戦前、前身の「亥鼻館（いのはなかん）」からスタートしたシアター。空襲で焼失するも戦後再建。世界中の、小規模ながらも良質な作品やアート系作品を独自の視点でセレクト。千葉県独占上映作品も。

千葉県千葉市中央区中央3-8-8-2階 京成千葉中央駅東口から徒歩7分 110席 cinemax.co.jp/category/chibagekijo/

新潟 > 新潟
新潟・市民映画館シネ・ウインド《にいがた・しみんえいがかんしね・ういんど》

1985年、地元の名画座の閉館をきっかけに、映画を愛する市民の原資でオープンした市民が運営する劇場。会員に支えられ、新潟県民に届けるべき作品を上映している。

新潟県新潟市中央区八千代2-1-1 万代シテイ第2駐車場ビル1階 JR新潟駅万代口から徒歩10分 64席 www.cinewind.com/

新潟 > 佐渡
cafeガシマシネマ《かふぇがしましねま》

佐渡金山の鉱山住宅として建造された古民家を改装した劇場。良質な話題性のある作品を上映。カフェ併設で、劇場オリジナルカレーや佐渡の食材を使ったドリンクが味わえる。

新潟県佐渡市相川上京町11 両津港から新潟交通バス佐渡本線で1時間10分、佐渡版画村下車、徒歩6分 20席 gashimacinema.info/

新潟 > 上越
高田世界館《たかだせかいかん》

築約110年の現存する日本最古級の劇場。レトロな情緒をたたえる建物は元芝居小屋。新作から名画まで幅広い作品を扱いつつ、応援上映やマサラ上映などの企画も定期的に開催。

新潟県上越市本町6-4-21 えちごトキめき鉄道高田駅から徒歩6分 181席 takadasekaikan.com/

富山 > 富山
ほとり座《ほとりざ》

2016年中央通りにオープン後、2020年にフォルツァ総曲輪跡地へ移転。有名無名ではなく、「表現豊かな映画である」という内容重視で選ぶ独自の視点に県内外の評価も高い。

富山県富山市総曲輪3-3-16 ウィズビル4階 富山地鉄グランドプラザ前駅から徒歩4分 92席 hotori.jp/

神奈川 > 横浜
シネマノヴェチェント《しねまのゔぇちぇんと》

館主の映画好きが高じてオープン。洋画はパブリックドメイン、邦画はインディーズとフィルム作品の旧作を主体に編成する。館主との距離の近さが魅力。トラットリアも併設している。

神奈川県横浜市西区中央2-1-8 エスプラスビル2階 京急戸部駅出口から徒歩10分 28席 cinema1900.wixsite.com/home

神奈川 > 横浜
横浜シネマリン《よこはましねまりん》

1954年創業の老舗劇場。ドキュメンタリー多め、デジタルとフィルム両方の映写機を活かした旧作特集上映にも積極的に取り組む。高音質の音響で良好な鑑賞環境を実現。

神奈川県横浜市中区長者町6-95 地下鉄伊勢佐木長者町駅3B出口から徒歩3分 102席 cinemarine.co.jp/

神奈川 > 逗子
CINEMA AMIGO《しねま あみーご》

逗子海岸近くのシネマカフェ。環境・教育・子育て・アート系ドキュメンタリーと、インディペンデント系映画をバランスよくミックスした編成。全席テーブル付で映画中も飲食可能。

神奈川県逗子市新宿1-5-14 JR逗子駅東口から徒歩16分 20席 cinema-amigo.com/

神奈川 > 厚木
あつぎのえいがかんkiki《あつぎのえいがかんきき》

厚木市唯一の劇場。来場客のリクエストを中心に作品をセレクト。運営元の映像機器システム社が有する国内最大級21インチの特大サブウーファーを使用した音響設備で驚きの重低音を実現。

神奈川県厚木市中町2-12-15 アミューあつぎ9階 小田急本厚木駅北口から徒歩4分 スクリーン1（154席）、スクリーン2（58席）、スクリーン3（112席） atsuginoeigakan-kiki.com

千葉 > 柏
キネマ旬報シアター《きねまじゅんぽうしあたー》

映画雑誌『キネマ旬報』がセレクトした話題の新作や過去の名作を多彩に上映。2階にはキネマ旬報のバックナンバーや、映画書を揃えた「KINEJUN図書館」がある。

千葉県柏市末広町1-1 各線柏駅西口から徒歩2分 スクリーン1（160席）、スクリーン2（148席）、スクリーン3（136席） www.kinenote.com/main/kinejun_theater/home/

長野 〉上田

上田映劇

うえだえいげき

創業100年を超え、大正ロマン漂う建物は一見の価値あり。国内外のミニシアター系作品を多数ラインナップ。館内にはカフェも併設。オリジナル鑑賞特典「映劇はんこ」なども人気。

長野県上田市中央2-12-30　各線上田駅お城口から徒歩10分　270席　www.uedaeigeki.com/

石川 〉金沢

シネモンド

しねもんど

フランス語で「世界の映画」という意味の名を持つ劇場。世界中の、ひと味違う選りすぐりの作品を上映している。高校生以下はいつでも500円という特別料金を設定。

石川県金沢市香林坊2-1-1 香林坊東急スクエア4階　各線金沢駅から各線バスで15分、香林坊下車、徒歩3分　90席　www.cine-monde.com

長野 〉長野

長野相生座・ロキシー

ながのあいおいざ・ろきしー

100年以上の歴史ある木造の劇場。松竹マルチプレックスシアターズの提携館として、観客のニーズに応えつつ、アート系のミニシアターやドキュメンタリー作品なども上映。

長野県長野市権堂町2255　長野電鉄権堂駅1番出口から徒歩3分　ロキシー1(246席)、相生座(176席)、ロキシー2(72席)　www.naganoaioiza.com/

福井 〉福井

福井メトロ劇場

ふくいめとろげきじょう

創業70年の劇場。特集上映など企画多数。上映候補約40作品から観客のアンケートをもとに行う作品選定や、40年以上続く「キネマノート」など、皆で創る映画館がモットー。

福井県福井市順化1-2-14メトロ会館4階　JR福井駅西口から徒歩9分　117席　fukuimetro.jp/

長野 〉塩尻

東座

あずまざ

前オーナーの父から引き継ぎ、映画コラムニストでもあるオーナー・合木こずえが経営する劇場。オーナーが厳選した海外の秀作を中心に上映する。毎月の「FROM EAST上映会」も盛況。

長野県塩尻市大門四番町4-8　JR塩尻駅東口から徒歩15分　1号館(128席)、2号館(53席)　www.fromeastcinema.com

山梨 〉甲州

塩山シネマ

えんざんしねま

民家の中にある劇場。ファミリー層に人気の作品を上映する。県内唯一のドルビー3Dシステムを採用。「1日限りの映画館を創る」というポリシーのもと、出張上映にも対応する。

山梨県甲州市塩山上於曽1138-1　JR塩山駅北口から徒歩6分　120席　r.goope.jp/shinema4o5

岐阜 〉岐阜

ロイヤル劇場

ろいやるげきじょう

柳ヶ瀬商店街内にあり、昭和の名作を35mmフィルムで週替わり上映している。入場料は600円の均一料金。エントランスには昔懐かしいスターの絵看板を掲げ、昭和レトロな雰囲気を演出。

岐阜県岐阜市日ノ出町2-20　JR岐阜駅長良口から徒歩14分　298席　www.tochiko.co.jp/royal.html

山梨 〉甲府

シアターセントラルBe館1・2

しあたーせんとらるびーかん1・2

甲府市中心商店街にある市内唯一のロードショー劇場。封切り作品はもちろん、単館系のみならずアニメやファミリー物などさまざまなジャンルの作品を原則2週間スケジュール上映。

山梨県甲府市中央1-5-12　JR甲府駅南口から徒歩11分　シアターセントラルBe館1(120席)、シアターセントラルBe館2(80席)　www.kofu-central.co.jp/

愛知 〉刈谷

刈谷日劇《かりやにちげき》

洋画専門劇場として開業し、2012年に単館系ミニシアターに転身。映画を通して世界の今を伝える作品選びで、地元刈谷をはじめ三河地区の映画ファンを中心に幅広い年齢層から慕われる。

愛知県刈谷市御幸町4-208 愛三ビル5階 名鉄刈谷市駅東側出口から徒歩1分 刈谷日劇 スクリーン1(77席)、スクリーン2(55席) kariyanichigeki.com/

京都 〉京都

京都シネマ《きょうとしねま》

2004年の開館当時から社会派作品やドキュメンタリーの上映を続け、市民の求めるエンタメ性の高い作品も幅広く選定。世界各国の良質な作品を上映する。お得な会員制度も好評。

京都府京都市下京区水銀屋町620COCON烏丸3階 阪急烏丸駅23番出口四条烏丸ビル東口直結 シネマ1(104席)、シネマ2(89席)、シネマ3(61席) www.kyotocinema.jp/

大阪 〉大阪

プラネット・プラスワン《ぷらねっと・ぷらすわん》

1895年映画草創期〜1970年代のアメリカ映画を中心に、古典作品をフィルムで上映。無声映画はピアノなどの生演奏を入れ、オリジナルレジュメを配布するなど、独自の工夫が光る。

大阪府大阪市北区中崎2-3-12 中崎第2ビル2階 地下鉄中崎町駅4番出口から徒歩4分 30席 www.facebook.com/planetstudyoplusone/

兵庫 〉尼崎

塚口サンサン劇場《つかぐちさんさんげきじょう》

ノンジャンルで「今観てもらいたい」作品を編成。音響にこだわった「特別音響上映」や客持参の紙吹雪が舞う「マサラ上映」、オリジナル映像制作など、独自の取り組みが人気。

兵庫県尼崎市南塚口町2-1-1-103 阪急塚口駅南口から徒歩1分 シアター1(47席)、シアター2(117席)、シアター3(165席)、シアター4(155席) www.sunsun.info/

兵庫 〉宝塚

シネ・ピピア《しね・ぴぴあ》

阪神淡路大震災の復興事業として宝塚市が設置、運営は民間が行う全国でも珍しい公設民営の劇場。「スクリーンは世界に開かれた窓」をモットーに世界の秀作・話題作・問題作を選定。

兵庫県宝塚市売布2-5-1 ピピアめふ5階 阪急売布神社駅からすぐ シネマ1(50席)、シネマ2(50席) www.cinepipia.com/

岐阜 〉岐阜

CINEX《しねっくす》

4スクリーンを有する劇場。アート系・女性向け・シニア向け作品を中心に編成。岐阜新聞と共催して、岐阜にゆかりのある映画人や監督、俳優を招きトークショーも開催している。

岐阜県岐阜市日ノ出町2-20 JR岐阜駅長良口から徒歩14分 スクリーン1(290席)、スクリーン2(192席)、スクリーン3(88席)、スクリーン4(69席) www.tochiko.co.jp/

静岡 〉静岡

静岡シネ・ギャラリー《しずおかしね・ぎゃらりー》

レンガ造りの建物が印象的な静岡市内唯一の劇場。街のお客が求める「声なき声」に耳を傾け、ヒット作品から無名の新人監督作品まで、ここでしか観られない番組編成を心がける。

静岡県静岡市葵区御幸町11-14サールナートホール3階 JR静岡駅北口から徒歩5分 ギャラリー1(50席)、ギャラリー2(55席)、大ホール(245席) www.cine-gallery.jp

静岡 〉浜松

シネマイーラ《しねまいーら》

2008年開館。シネコンで上映されない作品や、東京のミニシアター発の作品を中心にした編成で、良質な作品を多数上映。メイン客層であるシニア女性の好みにも寄り添う。

静岡県浜松市中区田町315-34 笠井屋ビル3階 JR浜松駅北口から徒歩8分 152席 cinemae-ra.jp/

愛知 〉名古屋

名古屋シネマテーク《なごやしねまてーく》

1982年開館、名古屋市で最古参の劇場。洋邦・新旧問わず、ひとクセある作品を中心にバラエティ豊かなラインナップを上映。映画関連の書籍や雑誌を蔵書した映画図書館も併設。

愛知県名古屋市千種区今池1-6-13今池スタービル2階 地下鉄今池駅9番出口から徒歩5分 40席 cineaste.jp/

愛知 〉名古屋

名演小劇場《めいえんしょうげきじょう》

1972年から続く劇場・名演会館を2004年にリニューアルオープン。シネサロン1は吹き抜けの天井でゆとりある空間。フランス映画を中心に国内外の良質な映画をセレクトしている。

愛知県名古屋市東区東桜2-23-7 地下鉄栄駅5番出口から徒歩9分 1階シネサロン2(49席)、3階シネサロン1(105席) meien.movie.coocan.jp/

広島 〉広島

横川シネマ《よこがわしねま》

1967年に開館し、名画座、成人映画館と変遷。洋邦問わず、見所の多いインディペンデント作品を中心に「レアな映画の愉しみを発掘」をコンセプトに編成。ドキュメンタリー作品が多め。

広島県広島市西区横川町3-1-12 横川商店街ビルA棟1階　JR横川駅から徒歩3分　70席
yokogawa-cine.jugem.jp

兵庫 〉神戸

神戸映画資料館《こうべえいがしりょうかん》

映画フィルムや書籍、ポスター、機材などを収集、保存、公開するフィルムアーカイブ施設に併設。所蔵プリント作品や、ジャンル・新旧さまざまな作品の上映、企画を行う。

兵庫県神戸市長田区腕塚町5-5-1アスタくにづか1番館北棟2階 201
各線新長田駅1番出口から徒歩6分　38席
kobe-eiga.net/

愛媛 〉松山

シネマルナティック《しねまるなてぃっく》

松山市で唯一のアート系シアター。「自分の劇場で、好きな作品を観たい」と映画界に参入した館主による独自の編成が注目を集める。大きなスクリーンと優れた音響設備にも定評あり。

愛媛県松山市湊町3-1-9マツゲキビル2階
伊予鉄松山市駅出口から徒歩11分　160席
cinemalunatic.sx3.jp/

兵庫 〉神戸

元町映画館《もとまちえいがかん》

2010年市民の映画ファンの手により作られた劇場。ジャンルを固定せず、多種多様な作品を織り交ぜたラインナップで編成。関連企画も多数実施し、映画+αの楽しみを提供する。

兵庫県神戸市中央区元町通4-1-12　各線元町駅西口から徒歩5分
66席（+車椅子1席）
www.motoei.com/

香川 〉高松

ホール・ソレイユ《ほーる・それいゆ》

高松市で70年以上続く歴史ある劇場。トレンドやバラエティ性を意識した編成で、あらゆる客層から人気を集める。同日鑑賞の2本目以降は入場料が1200円になる「ハシゴ割引」が好評。

香川県高松市亀井町10-10　琴電瓦町駅西口から徒歩5分　ホール・ソレイユ（143席）、ソレイユ・2（90席）
kagawa-soleil.co.jp/

岡山 〉岡山

シネマ・クレール《しねま・くれーる》

岡山県内唯一のミニシアター。社会的・文化的テーマを扱う作品を中心に、アカデミー賞受賞作品や話題作、アニメなど幅広い編成で愛される。こだわりの音響設備とスクリーンが自慢。

岡山県岡山市北区丸の内1-5-1　岡山電軌城下駅から徒歩3分　1階（110席）、2階（60席）
www.cinemaclair.co.jp/

佐賀 〉唐津

THEATER ENYA《しあたー・えんや》

唐津市に22年ぶりに誕生した劇場。大林宣彦監督『花筐／HANAGATAMI』の制作窓口を担うまちづくり会社が運営。老若男女・映画好きが楽しめるラインナップで唐津の活性化に貢献。

佐賀県唐津市京町1783 KARAE1F　JR唐津駅北口から徒歩2分　62席
theater-enya.com/

広島 〉広島

サロンシネマ《さろんしねま》

2014年に移転リニューアル。マルニ木工製の広々としたオリジナルシートが特徴で、最後列には掘りごたつ席も。原点回帰を目指し、スクリーン横の弁士台で上映前にスタッフが案内を行う。

広島県広島市中区八丁堀16-10 広島東映プラザビル8階　広島電鉄立町電停から徒歩2分　サロンシネマ1（125席）、サロンシネマ2（76席）
johakyu.co.jp

大分 日田

日田シネマテーク・リベルテ《ひたしねまてーく・りべるて》

九州のへそ・大分県日田市の小さく自由(＝リベルテ)な劇場。1本映画を観たら次はこれ、と流れるように鑑賞したくなるラインナップを選定。カフェとギャラリーも併設。

大分県日田市三本松2-6-25日田アストロボール2階　JR日田駅から徒歩12分　63席　liberte.main.jp/

長崎 長崎

長崎セントラル劇場《ながさきせんとらるげきじょう》

浜のまちにある小さな劇場。観客の要望や好みに寄り添いながら、1作品1～2週間の上映期間で、なるべく多数の作品を上映。HPの画面を提示すると割引になるサービスもあり。

長崎県長崎市万屋町5-9　長崎電気軌道観光通電停から徒歩4分　97席　cinema-central.com/

宮崎 宮崎

宮崎キネマ館《みやざききねまかん》

日本初のNPO法人が運営する劇場。2021年4月2日に移転、木造映画館としてリニューアルオープンした。映画館の枠に捉われずデジタル時代に準じた運営を行う。

宮崎県宮崎市高千穂通1-178(カリーノ宮崎駐車場TRUNK)　JR宮崎駅高千穂口(西口)から徒歩13分　キネマ1(100席)、キネマ2(38席)、キネマ3(20席)、キネマ4(16席)　www.bunkahonpo.or.jp/cinema/

熊本 熊本

Denkikan《でんきかん》

開館110年の歴史を持つ老舗劇場。国内外のアート系作品を中心に編成し、幅広い客層から支持を得ている。館内に持ち込める2階カフェの本格ドリップコーヒーが人気。

熊本県熊本市中央区新市街8-2　市電辛島町電停から徒歩2分　2階(96席)、3階(140席)、5階(140席)　www.denkikan.com/

鹿児島 鹿児島

ガーデンズシネマ《がーでんずしねま》

「映画の感動で人をつなぐ」コミュニティを目指す劇場。人生や心を豊かにする作品や、社会的・歴史的価値のある作品などをセレクト。イベントも多数開催。インド映画推し。

鹿児島県鹿児島市呉服町6-5 マルヤガーデンズ7階　鹿児島市電いづろ通電停から徒歩4分　39席　kagocine.net/

熊本 天草

本渡第一映劇《ほんどだいいちえいげき》

邦画6割・洋画4割でラインナップ。デジタルシネマ(DCP)採用していないため、ブルーレイ上映だが、35mmフィルムでの上映もあり。500円で観られるワンコインシネマ上映も好評。

熊本県天草市栄町5-23　JR三角駅から産交バスシャトル線・産交車庫前行で1時間26分、本渡バスセンター下車、徒歩4分　110席　daiichieigeki.iinaa.net/

鹿児島 奄美

シネマパニック《しねまぱにっく》

奄美大島の劇場。ファミリー向けの作品をメインに編成。現在は土日祝のみのセカンドラン上映。書店「ブックス十番館」が運営母体で、書店のレシート割引サービスも。

鹿児島県奄美市名瀬有屋町2-3　奄美空港からしまバス空港線で35分、和光入口下車、徒歩3分　54席　10bankanplus1.wixsite.com/books10bankan/blank

大分 別府

別府ブルーバード劇場《べっぷぶるーばーどげきじょう》

1949年に開館した老舗。90歳を迎えた女館長の岡村照氏が厳選した作品を幅広い世代に向けて上映。白石和彌監督や阪本順治監督らをはじめ、多くの著名人とも交流がある。

大分県別府市北浜1-2-12　JR別府駅東口から徒歩3分　80席　www.beppu-bluebird.info/

沖縄 那覇

桜坂劇場《さくらざかげきじょう》

映画監督の中江裕司らが2005年にオープン。客の視点を大切にしたセレクトで地元ファンが多く通う。カフェと雑貨店も併設。音楽ライブや体験型ワークショップも行っている。

沖縄県那覇市牧志3-6-10(旧桜坂シネコン琉映)　ゆいレール牧志駅1番出口から徒歩7分　ホールA(296席)、ホールB(100席)、ホールC(80席)　sakura-zaka.com/

大分 大分

シネマ5／シネマ5bis《しねまふぁいぶ／しねまふぁいぶびす》

観客の映画体験を尊重し、終映後も作品の余韻を楽しめるよう、くつろげるロビー作りにこだわる。シネマ5では、パリ・オペラ座でも使用されるキネット社製の椅子を採用。

シネマ5：大分県大分市府内町2-4-8／シネマ5bis：大分県大分市府内町3-7-7　JR大分駅北口から徒歩10分(シネマ5)／JR大分駅北口から徒歩12分(シネマ5bis)　シネマ5(74席)、シネマ5bis(168席)　www.cinema5.gr.jp/

COLUMN 04

ミニシアターを応援する活動の広がり

2020年、突如として世界を襲った新型コロナウイルス感染症。同年4月に発令された緊急事態宣言による休業要請を受け、ミニシアターを支援する活動がいくつも立ち上がった。

支援の提言やミニシアターをめぐるスタンプラリーの運営を行う「SAVE the CINEMA」、イベントの開催やオリジナルグッズの売上還元などを行い、俳優たちを中心としたプラットフォームとして機能する「ミニシアター・パーク」（発起人の一人、俳優・井浦新さんのインタビューはP4へ）。そのなかでも、約3万人が賛同し大きな応援の波を生むきっかけとなったミニシアター・エイド基金事務局のメンバーに話を聞いた。

©Mini-Theater AID
ロゴデザイン：小田雄太（COMPOUND inc.）　イラスト：寺本愛

ミニシアター・エイド基金

「ミニシアター・エイド（Mini-Theater AID）基金」は、2020年4月13日に立ち上がったクラウドファンディング。劇場で使用できる〝未来チケット〟などを返礼品としたクラウドファンディングに約3万人が賛同し、1ヶ月ほどで目標を大きく上回る3億円の支援金が集まり、103団体が運営する118劇場へ分配された。

事務局 Member

深田晃司（映画監督）
濱口竜介（映画監督）
大高健志（Motion Gallery）
高田　聡（Incline LLP／映画プロデューサー）
岡本英之（Incline LLP／映画プロデューサー）

ミニシアター・エイド基金を立ち上げたきっかけとは？

自分が観客として楽しんだ思い出のある映画館や、自作を上映してくれるかけがえのない映画館が苦境に陥っていると知って、居ても立っても居られないような思いで、衝動的に動き出しました。進めるにつれて、志を同じくする仲間がいると実感して、心強く思いました。

濱口

ミニシアター・エイド基金の活動を通して気付いたこととは？

コロナ禍の影響の大きさに比べて、本活動の直接の支援先でない映画館や配給会社も苦しい状況で、それに対してできる範囲に限界を感じることもありました。一方でこの活動に加わってくださった一人ひとりの映画ファンの思いが大きく可視化され、将来映画文化を持続可能な形で下支えする仕組みの必要性、可能性を考えるきっかけともなりました。

高田

ミニシアター・エイド Interview

クラウドファンディングだからこそ実現できたこととは？

ひとつには、〝スピード〟でしょうか。緊急支援としての役割を果たしていくためにも、プラットフォームとしてのクラウドファンディングの役割は不可欠でした。事務局の運営も全てリモートで行われていましたが、高度に発達したITインフラが一連の行動を支えたことは間違いありません。一方で、3万人を超えるコレクターの方々に対してのコミュニケーションは、AIが担当しているわけではもちろんなく、事務局のメンバー5人が手分けをして行っているのが実情です。その意味でのスピード感については難しさを感じる局面もありました。

岡本

活動を支えるコレクターの反響は？

映画との出会いが価値観を変え、人生を変えた体験談が本当にたくさん寄せられました。今現在は文化から離れてしまっていても、その体験がその人の人生を支えていることを知り、ミニシアターという場所が本当に質の高い映画と観客の出会いを生み出し続けてきたことを知りました。

濱口

ミニシアターの思い出は？

毎日のように訪れていたのは「オーディトリウム渋谷」という映画館です。2012年に開催した《濱口竜介レトロスペクティヴ》をはじめ、たくさんの思い出があります。そして、岡山のシネマ・クレール、飯田橋のギンレイホールなど、自身に馴染みのある地域の劇場にはやはり特別な思いはありますね。

岡本

劇場の思い出とともに印象に残っている作品は？

2002年6月の《イメージフォーラム・フェスティバル》で観た、濱口監督の『映画を見に行く』(01年)という作品です。理由としては、当時自分はライブハウスでの演奏など音楽活動が中心の生活でしたが、自分と同じようなやり方で〝映画〟というものを志し、このように活動している人たちがいるのだという、驚きと共感を得たことです。

岡本

ミニシアターならではの良さとは？

各館ごとの個性あふれる、多様な上映プログラム。

濱口

ミニシアターは地域性があるもの？

本質的には同じだとは思いますが、都市と地方におけるコミュニティの在り方の違いがそのままミニシアターの在り方に反映されているように思います。例えば東京や大阪のような映画鑑賞の選択肢としていくつものスクリーンが準備されている場所と比べ、広い地域の映画文化を一手に担う地方のミニシアターには、よりオリジナルで強固な映画コミュニティが存在している印象です。地方のミニシアターに行く時は具体的な観客の顔が思い出しやすく「帰ってきた」と感じます。

深田

心に残るミニシアターでの体験は？

今は既にない「オーディトリウム渋谷」という映画館で2012年に自分の初めての特集上映をやってもらいました。オールナイト上映が立ち見の満員となり、冷房設備が効かず、真夏の夜に熱中症者が出るのではと本気で心配しました。ただ、会場を覆った熱気は今でも体に残っています。

濱口

長野県の上田映劇という映画館で新作の上映に併せて、地元でアートに関する活動をされている演劇制作者の野村政之さんらとのトークイベントに参加しました。トークは夜の10時過ぎから始まり、結局深夜1時近くまで続きました。終電の関係ない車社会の地域であるとはいえ、最後まで誰も帰ろうとせず熱心に耳を傾けてくれる地元の皆さんのその姿に、文化に対する貪欲な情熱を感じ感動しました。

深田

コロナ禍を経験して、改めて感じられた映画の力とは？

今も映画館に通っていますが、そのたびに多くの観客（時には満席）を見てうれしい気持ちになります。気持ちがすさみやすい現在だからこそ、文化やエンターテインメントの力を人は心の支えとしてむしろ強く求めるし、飛沫も飛ばず換気にもすぐれた映画館は、実はコロナ禍に極めて強いのだとすら感じます。

濱口

2020年、コロナ禍の緊張感の続く中で私は『本気のしるし』という新作を日本で、『よこがお』という作品をフランスで公開することになりました。日本でもフランスでも、感染対策に苦心しながらも映画を届けようとする宣伝、配給、劇場の関係者の努力があり、また多くの観客が一定のリスクを負いながらも映画館に足を運んでくれました。生きるために何が必要かは人それぞれだと思いますが、やはり映画ファンにとって映画は生きるために重要な栄養素になっていることを実感しました。

深田

ミニシアターを守る運動が与えた、映画業界への影響とは？

コロナ禍以前から、映画館の経営に苦労されているミニシアターが少なくないと伺っていましたが、その中でミニシアター・エイド基金に多くの方に支援頂いたという現象を目の当たりにして、分配されるお金以上に「ミニシアターが必要だ！」と強く思っている人たちがこんなに多いのだという事実が可視化され、それに勇気づけられたと仰るミニシアターの方がとても多かった印象があります。観客も製作者も映画館の人たちも、生活するみんなが改めてミニシアターの存在意義を実感したということが、今後の映画館にとても大きな影響を与えていくのではと感じています。

大高

読者のみなさまにメッセージをいただきました！

これまでの日常が地続きではなくなるかもしれないという体験を経て、これまで以上に、続いてほしいものを続けること・生まれてほしいものを生み出すことの大切さとそのために必要な日々の“小さな選択”の重要性に目が向けられているように感じます。クラウドファンディングもそうですが、何にどこでお金を使うのかという“選択”もそのひとつ。ミニシアターに足を運ぶということが、これからの多様な映画のおもしろさに地続きになっていると思います。そんな「応援」の気持ちも含めて、是非みんなでミニシアターで映画を楽しんでいただければうれしいです。（事務局一同）

全国85劇場

ミニシアターのある街へ。

～映画の余韻と楽しむお散歩ガイド～

2021年7月15日初版印刷
2021年8月1日初版発行

編集人	米谷奈津子
発行人	今井敏行
発行所	JTBパブリッシング 〒162-8446 東京都新宿区払方町25-5 https://jtbpublishing.co.jp/ 販売:03-6888-7893
編集・制作	西日本支社 情報メディア編集部 〒530-0002 大阪市北区曾根崎新地2-2-16 西梅田MIDビル3階 編集:06-6345-1011 広告:06-6345-1462
組版	図書印刷
印刷所	図書印刷
編集スタッフ	藤原瑠衣
取材・編集	ピース(上田亜矢／西川 和／西原綺音／中野亜美) 華崎陽子／田辺ユウキ／黒田奈保子 久保田瑛理／北川友恵／岡田あさみ 小山芳恵／西谷 渉／吉田晃子／塚本愛子
表紙デザイン	NILSON(望月昭秀／林真理奈)
AD	ピース(村井美緒)
本文デザイン	ピース(村井美緒／長谷川歩／清原里菜)
イラスト	ピース(愛須慎太郎)／PIXTA
撮影・写真	小谷信介／大﨑俊典／武田憲久 木村正史／折田茂樹／古里綾乃 村山直章／齋藤ジン／マツダナオキ 村瀬高司／丸田真民
協力	ミニシアター・エイド基金事務局

※本誌掲載のデータは2021年5月末日現在のものです。発行後に、料金、営業時間、定休日、メニュー等の営業内容が変更になることや、臨時休業等で利用できない場合があります。また、各種データを含めた掲載内容の正確性には万全を期しておりますが、おでかけの際には電話等で事前に確認・予約されることをお勧めいたします。なお、本誌に掲載された内容による損害等は、弊社では補償いたしかねますので、予めご了承くださいますようお願いいたします。※本誌掲載の料金は、原則として取材時点で確認した消費税込みの料金です。また、入館料などは、特記のないものは大人料金です。※定休日は、原則として年末年始・お盆休み・ゴールデンウィーク・臨時休業を省略しています。営業時間は原則として開店(館)～閉店(館)です。ラストオーダーや入店(館)時間は通常閉店(館)時刻の30分～1時間前ですのでご注意ください。

212723　808420
ISBN　978-4-533-14585-8　C2026

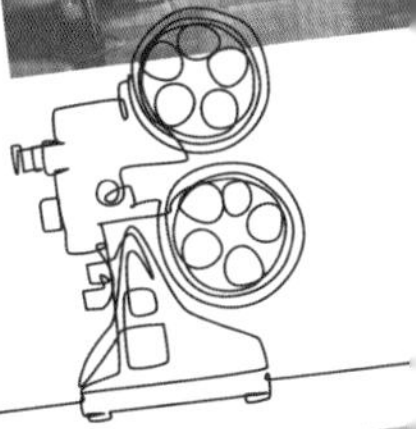

Special Thanks!
全国のミニシアターの皆さま